May |
Umbrüche in der deutschsprachigen Literatur um 1900

Kompaktwissen XL

Yomb May

Umbrüche in der deutschsprachigen Literatur um 1900

Reclam

Kompaktwissen XL | Nr. 15247
2023 Philipp Reclam jun. Verlag GmbH,
Siemensstraße 32, 71254 Ditzingen
info@reclam.de
Druck und Bindung: Esser printSolutions GmbH,
Untere Sonnenstraße 5, 84030 Ergolding
Printed in Germany 2025
RECLAM ist eine eingetragene Marke
der Philipp Reclam jun. GmbH & Co. KG, Stuttgart
ISBN 978-3-15-015247-8
reclam.de

Inhalt

Zur Benutzung

Jedem Kapitel steht eine Checkliste *Schlüsselbegriffe* voran, in der alle wichtigen Begriffe zur behandelten Strömung zusammengestellt sind. Diese Begriffe werden in der anschließenden Darstellung im Zusammenhang erläutert. Sie sind im Text fett hervorgehoben und am Rand mit dem Checklistensymbol ☑ gekennzeichnet. Die Checkliste kann auf zwei verschiedene Weisen gebraucht werden:

1. *Vor dem Lesen* der inhaltlichen Darstellung: Die Checkliste strukturiert den zu lernenden Inhalt vor, indem eine **Übersicht** über die folgenden Gegenstände geboten wird. (Was erwartet mich? Was ist neu? Was muss ich am Ende können?)
2. *Nach dem Lesen* der inhaltlichen Darstellung: Die Checkliste kann der **Wiederholung** des jeweiligen Epochenwissens dienen. (Kann ich die Begriffe erläutern? Dann habe ich das prüfungsrelevante Epochenwissen parat.)

Alle Kapitel haben den *gleichen inneren Aufbau.* Das erleichtert den Vergleich zwischen den Strömungen. Die Kommentare zu den Textbeispielen bieten keine vollständigen und umfassenden Analysen, sondern dienen als Anregungen für eine vertiefte Auseinandersetzung mit dem jeweilen Text im Kontext seiner Strömung.

Problematik des Epochenumbruchs um 1900

Literarische Werke bilden ein Medium der Reflexion über die Zeit, in der sie entstanden sind. Sie sind vielfach an ihren kultur- und sozialgeschichtlichen Kontext gebunden, weisen aber manchmal auch darüber hinaus. Wer Literatur angemessen verstehen will, muss daher über literaturhistorisches Wissen (Epochenwissen) verfügen. Dieses Wissen umfasst sowohl die sozial-historischen als auch ideengeschichtlichen Rahmenbedingungen, in denen Texte verfasst wurden, sowie die poetologischen Grundsätze, die solchen Texten zugrunde liegen.

In der deutschsprachigen Literaturgeschichtsschreibung nimmt die »Literatur um 1900« – auch »Literatur der Jahrhundertwende« oder »Literarische Moderne« genannt – eine besondere Stellung ein: Sie setzt sich mit grundlegenden politischen, wirtschaftlichen, technischen und gesellschaftlichen Umbrüchen auseinander, die den Beginn der Moderne eingeläutet haben. Gleichzeitig werden in diesem Zeitraum zahlreiche ästhetische Programme formuliert, die das innovative Potenzial jenes Abschnittes der deutschsprachigen Literaturgeschichte veranschaulichen, der vor allem auch durch seine Vielfalt gekennzeichnet ist.

Das vorliegende Buch bietet einen Überblick sowohl über den historischen Kontext als auch über die ästhetischen Leistungen der wichtigsten literaturgeschichtlichen Strömungen zwischen dem Naturalismus und dem Expressionismus. Im Mittelpunkt stehen die Wechselwirkungen zwischen Literatur und den gesellschaftlichen, technischen, naturwissenschaftlichen und kulturellen Veränderungen um 1900. Auf diese Weise soll der Leser mit der Entwicklung der deutschsprachigen Literatur der Jahrhundertwende sowohl in Bezug auf den historischen Kontext als auch hinsichtlich der damals innovativen poetologischen Ideen vertraut gemacht werden.

Bevor dies im Einzelnen dargestellt wird, ist ein Hinweis vorab wichtig: Ein häufiges Missverständnis besteht in der Vorstellung von Literaturepochen als klar abgrenzbaren, in sich abgeschlossenen und homogenen Zeiträumen mit festen Ideen, Autoren und Werken. Diese Vorstellung führt oft zu einer ungenauen, undifferenzierten und manchmal sogar falschen Einordung von literarischen Texten in ihren Epochenkontext. Denn die Antwort auf die Frage, was eine literarische Epoche ausmacht und wie sie sich gegenüber benachbarten Epochen und Strömungen abgrenzen lässt, fällt in der Literaturgeschichtsschreibung selten eindeutig aus. Angemessenes literaturhistorisches Wissen setzt daher ein differenziertes Verständnis des Epochenbegriffs und ein Bewusstsein für die damit verbundene Problematik voraus. Denn Epochenwechsel bilden in der Regel keine Zäsuren.

Die deutschsprachige Literatur um 1900 liefert ein exzellentes Beispiel dafür, dass eine klare Zuordnung eines Autors oder eines Werkes zu *einer* Epoche, *einer* Literaturströmung oder zu *einer* Stilrichtung oft nur bedingt möglich ist. Was die Bestimmung von Epochen und Strömungen in jedem Fall bereits problematisch erscheinen lässt ist, dass sich kaum mit Bestimmtheit angeben lässt, wann eine Epoche oder Strömung beginnt oder endet: Die Hauptwerke des Naturalismus, etwa Holz' und Schlafs *Die Familie Selicke* (1890), und Hauptmanns *Die Weber* (1892), erscheinen zugleich mit Stefan Georges *Hymnen* (1890), Frank Wedekinds *Frühlings Erwachen* (1891), und Hugo von Hofmannsthals *Der Tod des Tizian* (1892), die anderen Strömungen zugeordnet werden. Zeitlich lässt sich folglich keine klare Grenze ziehen.

Epochenwechsel vollziehen sich nicht punktuell bzw. schlagartig. Sie bilden in der Regel einen längeren Prozess, der, im Falle der deutschsprachigen Literatur um 1900, mehrere Strömungen und Stilrichtungen umfasst, die einander nicht chronologisch ablösen, sondern parallel nebeneinander herlaufen, ineinander übergehen, sich gegenseitig als Basis dienen (so z. B. der Impressionismus für den Expressionismus) oder einander oppositionell abgrenzen, z. B. die antinaturalistischen Strömungen (Impressionismus, Symbolismus, Fin de Siècle etc.).

Zu bedenken ist zudem, dass historische Ereignisse und ästhetische Innovationen, die für die Eingrenzung von Epochen und Strömungen herangezogen werden, selten isoliert in Erscheinung treten. Sie knüpfen meistens an vorausgehende Entwicklungen und Ideen (hier z. B. Neuromantik, Neuklassik) an. So bleibt etwa der Einfluss naturwissenschaftlichen Wissens auch bei jenen Autoren wirksam, die sich um 1900 vom Naturalismus abwenden. Hinzu kommt, dass manche Autoren der deutschsprachigen Literatur um 1900 einige literarische Strömungen der damaligen Zeit nur phasenweise vertreten. Das gilt insbesondere für Stefan George, Hugo von Hofmannsthal und Rainer Maria Rilke.

Andererseits gibt es herausragende Autoren der Moderne, die sich keiner der literarischen Strömungen ihrer Zeit zuordnen lassen. Das gilt beispielweise für Franz Kafka (1883–1924). Zwar fallen Kafkas Werke zeitlich mit dem Expressionismus zusammen, deren Zuordnung zu dieser Strömung ist jedoch literaturgeschichtlich nicht haltbar, zumal sich Kafka selbst vom Expressionismus distanziert hat. Gleiches gilt für Thomas und Heinrich Mann. Beide haben die deutschsprachige Literaturgeschichte vom Ende des 19. bis Mitte des 20. Jahrhunderts nachhaltig bestimmt, doch nicht alle ihrer Werke lassen sich einer bestimmten Strömung zuordnen. So fügt sich beispielsweise der 1918 erschienene Roman *Der Untertan* von Heinrich Mann

(1871–1950) zwar in die gesellschaftskritische Haltung der damaligen Zeit gut ein, stilistisch ist er aber kein typisches Werk des Expressionismus.

Erschwert wird die Zuordnung nicht zuletzt dadurch, dass sich in vielen literarischen Werken Elemente verschiedener literarischer Strömungen und Stilrichtungen finden lassen – oft ist eine eindeutige Zuordnung gar nicht möglich. Das wird im Folgenden auch daran sichtbar, dass manche Werke unter verschiedenen Strömungen Erwähnung finden.

Und manche Werke weisen über die Strömung hinaus, in der sie ursprünglich entstanden sind. So überschreiten die Traum- und Märchendichtungen *Hanneles Himmelfahrt* (1893) oder *Die versunkene Glocke* (1896) von Gerhart Hauptmann die Grenzen des Naturalismus und nehmen Verklärungsmomente der Neuromantik vorweg. Trotz der Unterschiede in der Gestaltung der gesellschaftlichen und ästhetischen Umbrüche um die Jahrhundertwende zeigt sich, dass die Autoren der Literarischen Moderne den gleichen Zeitgeist teilen.

Der hier nur grob skizzierte Sachverhalt macht die Problematik des Epochenumbruchs um 1900 augenscheinlich. Literaturhistorisches Wissen (Epochenwissen) ist mehr als normative Kenntnisse über Daten, Namen und Fakten zu bestimmten Abschnitten der Literaturgeschichte. Es befähigt im Idealfall zu einem reflektierten Nachdenken über die Komplexität literaturgeschichtlicher Entwicklungen, über die Bezüge zwischen den Epochen oder Strömungen zueinander und ihre Spuren im literarischen Text.

Für die Analyse und Interpretation eines Textes aus dieser Zeit bedeutet es, dass es oftmals nicht darum gehen kann, eine eindeutige Zuweisung zu einer einzigen Strömung vorzunehmen, sondern die Vielfalt möglicher Einflüsse zu erkennen und zu begründen.

Kurzübersicht: Strömungen der deutschsprachigen Literatur um 1900

Die soeben genannten Einschränkungen bezüglich klarer Abgrenzungen im Blick behaltend, gibt die folgende Tabelle zur leichteren Handhabung eine Übersicht über die Strömungen und Stilrichtungen der deutschsprachigen Literatur um 1900. Wie an den ungefähren Zeitangaben zu sehen ist, handelt es sich um nahezu gleichzeitige Strömungen; die Tabelle ist also nicht als chronologische Abfolge zu betrachten.

Wichtig ist, dass es sich bei den Bezeichnungen nicht um Epochenbegriffe handelt, auch wenn sie häufig fälschlicherweise so verwendet werden, sondern um Strömungen. Die literaturgeschichtlichen Begriffe gehen dabei oft auf gleichlautende kunst- oder musikgeschichtliche Bezeichnungen zurück, decken sich aber in vielen Fällen nicht mit ihnen.

Die in der Übersicht angedeutete Gruppenbildung verweist darauf, dass es bei den Strömungen untereinander nicht nur Übergänge, sondern auch Abgrenzungen gibt. Insbesondere definiert sich die ›mittlere‹ Gruppe (Symbolismus bis Jugendstil) auch als Gegenmodell zum Naturalismus, während der etwas später beginnende Expressionismus sich wiederum davon vielfach absetzt und sogar teils an den Naturalismus anknüpft.

Strömungen der deutschsprachigen Literatur um 1900

Bezeichnung der Strömung	Ungefähre Daten
Naturalismus	1890–1900
Symbolismus	1890–1920
Impressionismus	1890–1920
Fin de Siècle / Dekadenz / Literatur der Jahrhundertwende	1890–1914
Wiener Moderne	1890–1910
Jugendstil	1890–1915
Expressionismus	1905–1925

1 Die Moderne um 1900: Epochenbild

Checkliste

- ☑ Gründerzeit/Gründerjahre
- ☑ Industrialisierung
- ☑ Urbanisierung
- ☑ Moderne
- ☑ Klassische Moderne
- ☑ Mobilität
- ☑ Soziale Frage
- ☑ Industrieproletariat
- ☑ Janusköpfigkeit
- ☑ Frauenbewegung/Emanzipation
- ☑ Säkularisierung
- ☑ Aufbruchs- und Untergangsstimmung
- ☑ Innovation
- ☑ Avantgarde
- ☑ Stilpluralismus
- ☑ Meinungspluralismus
- ☑ antinaturalistische Strömungen
- ☑ Fin de Siècle als Epochenbezeichnung

Zeitgeschichtlicher Kontext

Der Wechsel vom 19. ins 20. Jahrhundert ist von zahlreichen Umbrüchen geprägt. Seit dem Ende des 19. Jahrhunderts befindet sich Deutschland in einem tiefgreifenden Transformationsprozess, wie ihn die Menschen bis dahin noch nicht kannten. Das markanteste politische Ereignis dieser Zeit ist wohl die Gründung des Deutschen Reiches am 18. Januar 1871 im Schloss von Versailles im Anschluss an den Deutsch-Französischen Krieg (1870/71). Im letzten Drittel des 19. Jahrhunderts verzeichnet das Deutsche Reich einen enormen wirtschaftlichen Aufschwung und steigt Schritt für Schritt zu einer der führenden Industrienationen der Welt auf. Beschleunigt wird dieser Prozess nicht zuletzt durch die hohen Reparationszahlungen, zu denen sich der Kriegsverlierer Frankreich 1871 verpflichtet. Sie bilden eine wichtige Grundlage für die **Gründerzeit** oder die Gründerjahre, die einen enormen Modernisierungsschub mit sich bringen.

Basisinformation: Gründerzeit, Gründerjahre

Die Zeit nach der Gründung des Deutschen Reiches am 18. Januar 1871 im Schloss von Versailles, im engeren Sinne bis 1873. Gründerfieber infolge des durch französische Reparationszahlungen ausgelösten Wirtschaftsaufschwungs mit anschließender Krise. Im weiteren Sinne bis ca. 1890, stilgeschichtlich insbesondere im Hinblick auf den Baustil bis zum Jahrhundertende reichend.

Industrialisierung und Urbanisierung

Um 1890 ist der Übergang Deutschlands von einem Agrar- zu einem Industriestaat weit fortgeschritten. Von grundlegender Bedeutung ist die Entstehung von Großstädten: Innerhalb weniger Jahrzehnte vergrößert sich beispielweise Berlin von einer überschaubaren preußischen Residenzstadt mit weniger als einer halben Million Einwohner zur Reichshauptstadt mit zwei Millionen Menschen (1913). Grund dafür ist, dass die **Industrialisierung** im 19. Jahrhundert eine gewaltige Binnenwanderung auslöst. Da sich die Industriezentren in Großstädten ansiedeln, ziehen viele Menschen auf der Suche nach Arbeit dorthin. Folgerichtig steigen neben der Reichshauptstadt Berlin auch Städte wie Wien und München zu Metropolen auf. Diesen Prozess der Verstädterung bezeichnet man als **Urbanisierung**.

Geprägt wird das großstädtische Leben zum einen durch bahnbrechende technische Entwicklungen: Motorisierte Verkehrsmittel wie Omnibusse, elektrische Straßenbahnen, Dampfer, Eisenbahn etc. beschleunigen die **Mobilität** der Menschen und verändern das Stadtbild. Verschwunden ist das stille, behagliche Leben der Vergangenheit, welches ein wichtiges Merkmal des bürgerlichen Selbstverständnisses bildet, so etwa im Biedermeier (1815–1850) und noch im Realismus (1848–1890). Die ersten elektrischen Straßenlampen stehen im Jahr 1882 in Berlin. Auch Innovationen im Medienbereich wie das Telefon, das Grammophon, der Film, die Fotografie und das Kino prägen den Kontext, in dem Literatur um 1900 geschrieben und gelesen wird. Zum anderen entstehen im Zuge der Urbanisierung und aufgrund der Wohnungsknappheit Elendssiedlungen für Arbeiter und ihre Familien, die sogenannten »Mietskasernen«, eng und mehrstöckig, oft mit mehreren Hinterhöfen, dunkel und ohne ausreichende sanitäre Ausstattung. Sie bilden Brennpunkte der **sozialen Frage**.

Definition: Soziale Frage

Bezeichnung für die sozialen Missstände, insbesondere die verheerenden Lebensumstände der Industriearbeiter, die seit Mitte des 19. Jahrhunderts als Begleit- und Folgeerscheinungen der Industrialisierung in Deutschland in Erscheinung getreten sind.

Der wirtschaftliche Aufschwung der Gründerjahre beschleunigt zugleich auch die Proletarisierung großer Bevölkerungsteile und schafft erhebliche soziale Probleme: Pauperismus, d. h. Massenarmut, Hunger und Krankheiten beherrschen den Alltag und das Leben vieler Menschen. Soziale Spannungen sind die Folge. Während die Reichen vom Fortschritt profitieren, lebt das **Industrieproletariat** unter schlechten Bedingungen. Karl Marx (1818–1883) und Friedrich Engels (1820–1895) rufen in ihrer gemeinsamen programmatischen Schrift *Das Kommunistische Manifest* (1848) das Proletariat zum Kampf gegen den Kapitalismus auf. Die SPD (seit 1890 unter diesem Namen) steht um 1900 noch in dieser Tradition. Sie konnte die Anzahl ihrer Reichstagssitze in dieser Zeit kontinuierlich von 2 (1871) auf 110 (1912) steigern.

Vor allem in Großstädten sind die Menschen mit den rasanten technischen Entwicklungen und den neuen Herausforderungen konfrontiert und zum Teil überfordert. Der Großstadtmensch steht in ständiger Anspannung. Man spricht vom Zeitalter der Nervosität und Hysterie. Das Individuum der urbanen Moderne ist fragmentiert und einsam in der großen Masse. Die Großstadt zeichnet sich zum einen durch den beständigen Wechsel der Ereignisse und Eindrücke und zum anderen durch die Anonymität aus. Friedrich Engels über die Großstadt:

»Schon das Straßengewühl hat etwas Widerliches, etwas wogegen sich die menschliche Natur empört. Diese Hunderttausende aus allen Klassen und aus allen Ständen, die sich da aneinander vorbeidrängen, sind sie nicht alle Menschen, mit denselben Eigenschaften und Fähigkeiten, und mit demselben Interesse, glücklich zu werden? Und doch rennen sie aneinander vorüber, als ob sie gar nichts gemein, gar nichts miteinander zu tun hätten […] Die brutale Gleichgültigkeit, die gefühllose Isolierung jedes Einzelnen auf seine Privatinteressen tritt umso widerwärtiger und verletzender hervor, je mehr diese einzelnen auf den kleinen Raum zusammengedrängt sind.«

F. E.: Die Lage der arbeitenden Klasse in England. Stuttgart 1892. S. 24.

Dass die Großstadt den Hauptschauplatz der Literatur bildet, ist vor diesem Hintergrund kein Zufall. Das hängt zum einen damit zusammen, dass die Metropolen wie München und Berlin nicht nur wirtschaftlich an Bedeutung gewinnen, sondern auch kulturell zu Zentren der Literarischen Moderne avancieren.

Januskköpfigkeit der Moderne

Die rasante Industrialisierung und Urbanisierung führen bei den Zeitgenossen zu einer kollektiven Gefühlslage, die sich durch Zwiespalt auszeichnet. Ein Stimmungsbild der Zeit lässt sich am Titelbild der in München erscheinenden Zeitschrift *Jugend* in der Ausgabe vom 1. Januar 1900 ablesen (Abb. 1): ein **Januskopf**, der gleichzeitig voraus- und zurückschaut. In diesem Titelbild ist eine typische Haltung der Menschen zum Phänomen **Moderne** um 1900 festgehalten. Insbesondere Vertreter der jüngeren Generation bekennen sich zu einer Welthaltung, die sich durch die Abwendung von den jahrhundertealten Annahmen und stattdessen durch eine Ausrichtung auf das Neue auszeichnet. Vergangenheit und Autoritäten verlieren ihre Leitbildfunktion bei der Gestaltung von Gegenwart und Zukunft. Aber generell ist das Lebensgefühl von Gegensätzen bestimmt.

Abb. 1: *Jugend. Münchner illustrierte Wochenschrift für Kunst und Leben* (Nr. 1, Januar 1900), Titelblatt

Auf die Frage, ob Deutschland im Fortschritt oder im Verfall begriffen ist, können sich die Zeitgenossen auch aufgrund großer Gegensätze in der Gesellschaft nicht einigen. Während das Besitzbürgertum mit seinem materialistischen Wirtschaftsdenken im Phänomen der Industrialisierung einen Ausdruck des Fortschritts und der Modernität sieht, beklagen vor allem bildungsbürgerliche Kritiker den Verlust tradierter Werte. Sie sehen im Fortschritt auch die Bedrohung und den Verlust des

Individuums und seiner Lebensgrundlage. **Aufbruchsstimmung** als Ausdruck des Fortschrittsoptimismus und Existenz- und Zukunftsangst bzw. Untergangsstimmung als Ausdruck des Fortschrittspessimismus stehen sich gegenüber, Tatendrang und Weltflucht, naturwissenschaftlich geprägter Rationalismus und Neigung zum Übersinnlichen, Großstadtbegeisterung und Rückzug in die ländliche Idylle. Das alles gibt es gleichzeitig. Diese janusköpfige Umbruchsphase der historischen und kulturellen Entwicklungsgeschichte wird aus heutiger Perspektive als **Klassische Moderne** bezeichnet. Man kann daher von einer ambivalenten Weltbetrachtung sprechen.

Definition: Klassische Moderne

Der Begriff der Moderne (lat. *modernus* ›jetzt, heutig‹) beschreibt die jeweilige Selbstwahrnehmung einer Gesellschaft, ihrer zeitgenössischen Ereignisse und kulturellen Entwicklungen, als neu bzw. neuzeitlich. In seiner eigentlichen Bedeutung kann dieser Begriff somit als zeitlos betrachtet werden. In Abgrenzung dazu bezeichnet die »klassische Moderne« aus heutiger Perspektive die spezifische Ausprägung und Wahrnehmung der Modernität um die Jahrhundertwende 1900.

Verhältnis der Geschlechter

Der gesellschaftliche Umbruch, der die Moderne um 1900 kennzeichnet, zeigt sich auch am Verhältnis der Geschlechter und am Umgang mit der Sexualität. **Frauenemanzipation** stellt zunehmend das bisherige Verhältnis der Geschlechter in Frage: Obwohl die patriarchalische Ordnung weiterbesteht, so dass Frauen, vor allem in wirtschaftlicher Hinsicht, nach wie vor von ihren Männern abhängig bleiben, haben **Frauenbewegungen** um die Jahrhundertwende starken Zulauf. Sie fordern die rechtliche Besserstellung, gleiche Bildungschancen, gleiches Wahlrecht und vieles mehr ein, und das durchaus erfolgreich: Die Zulassung von Frauen zum Studium erfolgt z. B. 1899/1900, ab 1908 dürfen Frauen Mitglieder in politischen Parteien werden; das allgemeine Wahlrecht erlangen sie 1918.

Um 1900 verschwinden allmählich die gesellschaftlichen Rahmenbedingungen, welche die Einhaltung der bürgerlichen Auffassung von Liebe und Sexualität reglementierten. Vor allem in den Großstädten entstehen neue Lebensformen wie die Boheme, die sich der sozialen Kontrolle entzieht. Das Leben in der Großstadt eröffnet Frauen neue Freiräume, in denen die patriarchalischen Rollenzuweisungen zumindest partiell außer Kraft gesetzt werden. Typisch ist die sexuell selbstbewusste Frau, die in der Gestalt der *femme fatale* – zumindest in literarischen Texten – zur Gefahr für den Mann stilisiert wird. Gleiches gilt für die Prostituierte, die sich bewusst über die bürgerliche Sexualmoral hinwegsetzt. Die Krise der Geschlechterverhältnisse macht sich auch an der steigenden Zahl von Scheidungen, unehelichen Kindern und Liebesbeziehungen außerhalb der bürgerlichen Familie bemerkbar, was aus der Perspektive des konservativen Bürgertums als Ausdruck der Dekadenz wahrgenommen wird.

Die Wissenschaften und ein neues Menschenbild

Im Übergang vom 19. zum 20. Jahrhundert erschüttern neue wissenschaftliche Erkenntnisse alte Lehrmeinungen, auf denen das traditionelle Welt- und Menschenbild basiert.

- Bereits **Charles Darwins** (1809–1882) Theorie der Evolution zerstört den biblischen Schöpfungsmythos. Der Mensch wird nicht mehr als göttliche Kreatur, sondern als biologisches Wesen betrachtet.

- Mit der Quantenformel und der Relativitätstheorie revolutionieren **Max Planck** (1858–1947) und **Albert Einstein** (1879–1955) die Physik, indem sie die tradierten Vorstellungen von Kausalität, Raum und Zeit neu definieren.
- **Sigmund Freud** (1856–1939) öffnet mit der Psychoanalyse den Blick auf den großen Einfluss des Unterbewusstseins auf das menschliche Verhalten.
- **Friedrich Nietzsche** (1844–1900) proklamiert den Tod Gottes. Er fordert die »Umwertung aller Werte« und damit eine radikale Erneuerung der Gesellschaft.

Diese und weitere Erkenntnisse führen bereits am Ende des 19. Jahrhunderts zu einer zunehmenden **Säkularisierung** des Denkens. Die damit verbundene Zerstörung bzw. Überwindung der geschlossenen, stark religiös geprägten Weltsicht bildet die Grundlage für ein neues säkularisiertes Welt- und Menschenbild. ☑

Traditionelles Menschenbild	Menschenbild der Moderne um 1900
• Metaphysische Spekulation • Autonomie des Ichs • Stabile/feste Identität (statisch) • Einheitliches Familienmodell • Geregeltes bürgerliches Leben • Kollektive Identität • Geschlossenes Weltbild • Patriarchat • Funktionalität der Kunst	• Naturwissenschaften • Abhängigkeit des Ichs • Brüchige Identität (dynamisch) • Verschiedene Familienmodelle • Antibürgerliches Leben (Boheme) • Individualität • Fragmentierte Weltsicht • Emanzipation • Selbstreflexivität der Kunst • Sprachkrise • Ich-Dissoziation/Identitätskrise

Einige der hier aufgeführten Begriffe werden hier schon einmal genannt, aber erst später genauer erläutert: Sprachkrise im Kapitel 6 zur Wiener Moderne, Ich-Dissoziation im Kapitel 8 zum Expressionismus.

Die Literarische Moderne

Reaktion auf politische, gesellschaftliche und kulturelle Umbrüche

Die Anfänge der Literarischen Moderne können auf die 1880er Jahre angesetzt werden. Insbesondere im Naturalismus vollzieht sich die Überwindung des vorgelagerten bürgerlichen Realismus, der im Missverhältnis zu der sich stark ausdifferenzierenden Industriegesellschaft steht. Die entstehenden Großstädte bieten eine veränderte Erfahrung der modernen Wirklichkeit. Diese lässt sich auf der Grundlage des traditionellen Weltbildes und der entsprechenden ästhetischen Konzepte nicht mehr adäquat verarbeiten. Folglich orientiert sich die Literatur, insbesondere zunächst der Naturalismus, an den Naturwissenschaften als Träger des Wandels und Fortschritts. Auf diese Weise erschließt sie sich neue Erfahrungs- und Themenbereiche wie die soziale Not des Industrieproletariats, Krankheit und die Wahrnehmungsmöglichkeiten des Menschen. Vor diesem Hintergrund entwickeln sich neue Darstellungstechniken (z. B. innerer Monolog), um der komplexen Wirklichkeit der Moderne erzähltechnisch gerecht werden zu können.

Durch die Orientierung am naturwissenschaftlichen Fortschrittsdenken wird **Innovation** zum Prinzip der Modernität erhoben. Wer mit den Veränderungen Schritt halten will, muss ständig etwas Neues erfinden. In sich nahezu überbietender

Absetzung vom Naturalismus, den jüngere Autoren schnell als überholt empfinden, entwickeln sich zahlreiche literarische Strömungen um 1900, unter ihnen der Impressionismus, der Symbolismus, die Décadence, der Jugendstil, die Wiener Moderne und der Expressionismus.

Alle diese Strömungen reagieren auf die politischen, gesellschaftlichen und kulturellen Umbrüche des Gesamtphänomens Moderne. Sie verstehen sich als **Avantgarde** der Moderne. Doch einen Konsens über das Wesen und die Funktion der Literatur gibt es nicht. Die verschiedenen Strömungen und Tendenzen zeugen von einer unterschiedlichen Auffassung von Kunst und ihrem gesellschaftlichen Stellenwert. Man spricht daher vom **Stilpluralismus**. Dieser zeichnet sich durch unterschiedliche poetologische und ästhetische Programme, Themen und Bezüge aus.

Definition: Avantgarde

Bezeichnung für Schriftsteller der Literarischen Moderne, die mit ihren Werken in Opposition zur künstlerischen Tradition stehen. Sie stoßen sowohl inhaltlich als auch formal eine innovative Entwicklung an und gestalten diese mit. Dazu zählen Autoren wie Hugo von Hofmannsthal, Arthur Schnitzler, Stefan George u. v. m.

Neu ist nicht nur die Gleichzeitigkeit unterschiedlicher Strömungen und Stilrichtungen, sondern auch die Vielfältigkeit (Heterogenität) ihrer Reaktionen auf die krisenhafte Erfahrung einer aufbrechenden Moderne. Hierbei entwickeln sich verschiedene poetologische Ansätze, die entsprechend verschiedene literarische Strömungen beeinflussen. In der Frage nach dem Wesen und der Funktion der Literatur liefern Autoren um 1900 unterschiedliche, zum Teil einander widersprechende Antworten.

Definition: Poetologie

›Lehre von der Dichtkunst‹. Bezeichnung für das Kunst- und Literaturverständnis, das einer bestimmten Epoche oder Strömung zugrunde liegt, und für theoretische Reflexionen über das Wesen, den Charakter und die Funktion(en) von literarischen Werken. In der schriftstellerischen Praxis weichen Autoren aber von den poetologischen Vorgaben ihrer Zeit – und sogar von ihren eigenen poetologischen Reflexionen – nicht selten auch ab.

Der Begriff »Literarische Moderne« steht demnach nicht für eine einheitliche Wahrnehmung der Umbruchzeit durch die Zeitgenossen, sondern ist vielmehr eine Sammelbezeichnung für sehr unterschiedliche Strömungen und Tendenzen in der deutschsprachigen Literatur der Jahrhundertwende. In der Vielfalt der literarischen Strömungen, spiegelt sich die Diversität im Prozess der Modernisierung wider. Darüber hinaus machen die zahlreichen programmatischen Debatten unterschiedliche Reaktionen der Intellektuellen und Künstler auf den Fortschritt deutlich.

Unterschiedliche Interpretationen der Wirklichkeit sind ein wichtiges Merkmal der Literarischen Moderne. Die Autoren gehen dabei nicht mehr von einem geschlossenen Welt- und Menschenbild aus, **Meinungspluralismus** ist ein typisches Phänomen der Zeit. Folgerichtig bildet auch die Literatur kein geschlossenes Weltbild ab. Sie gründet vielmehr auf der Erkenntnis einer zunehmenden Entfremdung des Menschen. Seine Abhängigkeit von verschiedenen Faktoren fragmentiert seine Identität.

Ästhetische Veränderungen in der Literarischen Moderne

Die gesellschaftspolitischen Zäsuren und geistigen Umbrüche spiegeln sich in der Entwicklung der Literatur um die Jahrhundertwende wider. Die Literatur der Moderne ist nicht nur durch die Vielfalt der literarischen Strömungen und Stilrichtungen, sondern auch durch markante konzeptionelle Verschiebungen zwischen traditioneller und moderner Literatur gekennzeichnet. Diese Unterschiede haben in nahezu allen literarischen Gattungen Niederschlag gefunden. Sie lassen sich in Anlehnung an den Literaturwissenschaftler Mario Andreotti[1] wie folgt zusammenfassen:

Traditionelle Literatur	**Vergleichsaspekt**	**Moderne Literatur**
	Prosa	
• Geschlossenes Weltbild • Klar und einfach • Harmonie • Tradition • Vertraute Welt • Rationalität • Vernunft • Fester Wertekanon	*Weltbild*	• Offenes Weltbild • Unübersichtlich und komplex • Disharmonie • Modernität • Erfahrung der Fremdheit • Irrationalität • Zufall • Wertepluralismus

1 Mario Andreotti, *Die Struktur der modernen Literatur. Neue Formen und Techniken des Schreibens*, Bern [6]2022. Teils benennt die tabellarische Gegenüberstellung auch längerfristige Entwicklungen, die schon vor der literarischen Moderne begonnen haben und über sie hinausreichen.

• Dominanz eines persönlichen Erzählers • Feste Erzählposition • Vorwiegend auktoriales Erzählen • Ich-Erzähler zur Betonung der Authentizität	*Erzählergestaltung*	• Reduktion des Erzählers • Multiperspektivisches Erzählen • Gelegentlich Auflösung einer festen Erzählposition • Häufig Auflösung des Erzählerberichts (durch inneren Monolog, Stream of Consciousness, Collage, Rückblenden) • Vorwiegend neutrales/ personales Erzählen • Ich-Erzähler (häufig zur Akzentuierung der Identitätskrise)
• Feste Figuren (unverwechselbare Charaktere) • Das Handeln der Figuren wird durch den Charakter bestimmt • Figuren besitzen eine feste Identität	*Figurengestaltung*	• Zusammengesetzte Figuren • Nichtidentität der Figuren • Oft Namens- und Rollenwechsel • Reduktion der Figuren auf bestimmte Funktionen (Mutter, Vater, Zeuge, Polizist etc.)
• Chronologie • Große Zeiträume	*Zeitgestaltung*	• Simultaneität • Kleine Zeiträume
• Oft einheitlicher Raum • Raum bietet Sicherheit • Raum bietet Geborgenheit • Tendenziell große Räume	*Raumgestaltung*	• Oft verschiedene Räume • Unsicherheit • Fremde Räume • Tendenziell kleine/enge Räume

• Konventioneller Erzählbeginn • Chronologisch-lineare Handlungsführung • Prinzip der Kontinuität • Roter Faden bleibt stets erkennbar • Geschlossene Form • Schlüssigkeit des Handlungsausgangs	*Aufbau der Handlung (Narrative Struktur)*	• Durchbrechen des konventionellen Erzählbeginns • Achronologisch-diskontinuierliche Handlungsführung • Prinzip der Simultaneität • Haltungs- und Rollenwechsel der Figuren, v. a. des Helden • Offene Form • Handlungsausgang hat keine sinnbildende Funktion
• Mimesis (Wirklichkeitsabbildung) • Klar markierte poetische Sprache • Verwendung des *epischen Präteritums*	*Darstellungsform*	• Konstruktcharakter der Fiktion • Selbstreflexives Schreiben • Nähe des Erzählstils zur gesprochenen Sprache (Parlando) • Häufig *episches Präsens*
• Identifikation des Lesers mit dem Helden • Lenkung des Lesers durch den Erzähler	*Wirkungsintention*	• Verfremdung und Distanzierung • Emanzipation des Lesers (kritisch-reflektierte Distanz zum Erzählten)

	Lyrik	
• Reim • Metrik • Klarer Aufbau (Strophen) • Geschlossener Bau • Rhythmus • Klang • Gehobene Sprache • Klare Syntax • Klare Semantik • Lyrisches Ich • Symbolik • Klassische Metaphern		• Reimlos • Kein festes Metrum • Kein klarer Aufbau (oft keine Strophen) • Offener Bau • Prosastil • Auflösung der Syntax • Alltagssprache/Dialekt • Auflösung der festen Sprache • Entpersönlichung des lyrischen Ichs • Chiffre • Absolute Metaphern
	Drama	
• Aristotelisches Drama • Geschlossene Form • Ständeklausel • Fallhöhe • Drei Einheiten • Pyramidaler Aufbau (Freytag-Pryramide) • Gehobene (oft sogar gebundene) Sprache		• Episches Theater • Absurdes Theater • Gemischte Figuren • Offene Form • Ausgedehnter Zeitraum • Mehrere Handlungsstränge, auch ohne kausale Zusammenhänge • Mehrere Handlungsorte • Speziell für das epische Theater: – Einbau von Liedern in die Handlung – Direkte Ansprache der Zuschauer – Offener Schluss – Medieneinsatz

Die Modernität der deutschsprachigen Literatur um 1900 liegt also nicht nur in der Auseinandersetzung mit den gesellschaftlichen Umbrüchen, sondern auch in den ästhetischen Umbrüchen, die dieser Literatur zugrunde liegen.

Beziehungen der Strömungen untereinander

Um 1890 begann die naturalistische Strömung sich vom Realismus abzugrenzen. Die Naturalisten bezeichneten sich selbst erstmals als »modern« und setzten sich damit vom konventionellen »Idealismus« ab. Man kann die Naturalisten insofern als erste Generation der Literarischen Moderne bezeichnen, die, naturwissenschaftlich inspiriert, die soziale Wirklichkeit, wie sie tatsächlich ist, Elend und Hässlichkeit eingeschlossen, darstellen will.

Aber fast gleichzeitig, schon in den frühen 1890er Jahren, werden Forderungen nach einer Überwindung des Naturalismus laut. Es entstehen in der Folge zahlreiche literarische Bewegungen und Strömungen, die sich gegen die naturalistische Kunstauffassung positionieren. Man spricht von **antinaturalistischen Strömungen** oder Gegenbewegungen zum Naturalismus. Die wichtigsten sind:

- Impressionismus
- Symbolismus
- Fin de Siècle / Décadence
- Jugendstil
- Wiener Moderne

Ihre Ablehnung des Naturalismus ist dabei ganz unterschiedlich motiviert. Exemplarisch benannt werden können etwa: Skepsis gegenüber dem Fortschrittsoptimismus (Fin de Siècle /

Décadence), Kritik am Objektivitätsanspruch und Betonung der subjektiven Wahrnehmung der Wirklichkeit (Impressionismus), gänzliche Abkehr vom Anspruch einer Wirklichkeitsdarstellung zugunsten einer künstlerischen ›Wahrheit‹ (Symbolismus/Ästhetizismus), Sprachskepsis und Berücksichtigung des Unbewussten (Wiener Moderne), Hinwendung zur Schönheit der Natur, zu Mythen und Märchen (Jugendstil). Jede dieser Strömungen formuliert poetologische Programme, die innerhalb der Literatur der Moderne bemerkenswerte ästhetische Umbrüche und entsprechende Innovationen hervorgerufen haben.

Von dieser in sich vielfältigen Gruppe von Strömungen um 1900 ist der Expressionismus wiederum etwas deutlicher abzugrenzen, auch wenn er vielfach mit ihnen verbunden ist. Er formiert sich erst etwas später (ab 1910) und ist durch den Willen zum Aufbruch (was auch immer das konkret heißen mag), zu neuem Leben, Schonungslosigkeit, zum Bruch mit den Vätern und der langweiligen und spießbürgerlichen wilhelminischen Gesellschaft geprägt. Emotionen spielen eine große Rolle: Pathos, Ekstase, Hoffnung, aber auch apokalyptische Verzweiflung und Nervosität. In mancher Hinsicht, etwa der »Ästhetik des Hässlichen«, knüpft der Expressionismus damit wieder an den Naturalismus an.

In manchen literaturgeschichtlichen Darstellungen werden der Naturalismus und der Expressionismus als selbständige Epochen bezeichnet und die Strömungen dazwischen unter der ☑ Epochenbezeichnung **Fin de Siècle** versammelt. Diese Unterteilungen beruhen auf anderen Gewichtungen. Nimmt man den eigenen Anspruch der hier benannten Strömungen als modern und innovativ ernst, ist die Sammelbezeichnung als Literarische Moderne aber durchaus angemessen.

Leitfragen zur Moderne

1. Wodurch zeichnet sich das Menschenbild der Moderne aus?
2. Wodurch drücken sich Ambivalenzen in der Moderne aus?
3. Welche Merkmale weist die Literarische Moderne auf?
4. Wie erklärt sich die Vielfalt der literarischen Strömungen in der Moderne?

2 Naturalismus (1890–1900)

Checkliste

- ☑ Reichsgründung
- ☑ Industrialisierung
- ☑ Proletariat
- ☑ Evolutionstheorie/ Darwinismus
- ☑ Materialismus
- ☑ Positivismus
- ☑ Milieutheorie
- ☑ Determinismus
- ☑ Soziale Frage
- ☑ Fortschrittsoptimismus
- ☑ Sozialkritik
- ☑ Deckungsgleichheit zwischen Kunst und Realität
- ☑ Niederes, Hässliches
- ☑ Antiheld
- ☑ Großstadt
- ☑ Sekundenstil
- ☑ Soziolekt
- ☑ Dialekt/ Umgangssprache
- ☑ Großstadtlyrik
- ☑ Soziales Drama
- ☑ Detailtreue
- ☑ Gesellschaftskritik
- ☑ Familiendrama
- ☑ Verelendung/ Pauperismus

Zeitgeschichtlicher Kontext

Der Naturalismus entfaltet sich in einem äußerst dynamischen historischen Kontext, politisch, gesellschaftlich, wissenschaftlich und wirtschaftlich. Politisch ist mit der **Reichsgründung** (1871) die von Bismarck (1815–1898) favorisierte kleindeutsche Lösung realisiert. Reichskanzler Otto von Bismarck strebt außenpolitisch die Erhaltung des europäischen Friedens an. Innenpolitisch dagegen zielt seine Politik auf eine Schwächung der Opposition, insbesondere der Sozialdemokratie und des Kommunismus, ab (Sozialistengesetze). Andererseits legt er durch die Einführung einer Kranken-, Unfall-, Alters-, und Invaliditätsversicherung (Sozialgesetzgebung) die Grundlage für den modernen Sozialstaat. Insgesamt ermöglicht der neue Staat dem Bürger eine begrenzte Teilnahme am politischen Leben, die beherrschende Schlüsselposition beim Militär bleibt jedoch weiterhin beim Adel.

Der beschleunigte Prozess der **Industrialisierung** kennzeichnet das Ende des 19. Jahrhunderts. Rasant vollzieht sich der Wandel von der Agrarwirtschaft und dem Manufakturwesen hin zu automatisierten Produktionsformen. Die unmittelbare Folge ist die Entstehung eines landflüchtigen, besitzlosen **Proletariats**, das trotz des wirtschaftlichen Aufschwungs der Gründerjahre in Armut lebt. Durch Landflucht entstehen in den Großstädten Elendsquartiere, wo Arbeiter und ihre Familien leben müssen.

Leitgedanken

Abb. 2: Käthe Kollwitz, *Weberzug*, 1897 unter dem Eindruck der Uraufführung von Gerhart Hauptmanns Drama *Die Weber* entstanden

Der Naturalismus ist ein gesamteuropäisches Phänomen, das erst in den 1880er Jahren von Frankreich nach Deutschland kommt. Naturalistische Gedanken finden sich bereits im 18. Jahrhundert. Als Vordenker gilt der französische Philosoph Jean-Jacques Rousseau (1712–1778).

Das naturalistische Menschenbild basiert auf der Annahme, dass der Mensch kein freies, selbstbestimmtes Individuum ist. Der Mensch ist demnach wesentlich durch Vererbung, das Milieu und die historischen Umstände bestimmt. Mit anderen Worten: Der Mensch ist Opfer seiner Natur und seiner Umwelt.

Das Menschenbild des Naturalismus gründet einerseits auf revolutionären und fortschrittsoptimistischen naturwissenschaftlichen Erkenntnissen und andererseits auf grundlegend neuen philosophischen Einsichten in der zweiten Hälfte des 19. Jahrhunderts. Die wichtigsten sind:

- **Evolutionstheorie/Darwinismus:** Der britische Naturforscher Charles Darwin (1809–1882) stellt in seinem Hauptwerk *Über die Entstehung der Arten* (1859) die These auf, dass sich Lebewesen an ihre Umwelt anpassen, und zwar durch eine natürliche Auslese (Selektion). Dabei treten im Laufe der Evolution genetische Mutationen auf, so dass sich nur diejenigen Lebewesen durchsetzen, die sich erfolgreich an die Umwelt anpassen. Negative Veränderungen dagegen werden durch den Konkurrenzkampf ausgerottet. Die Vorstellung von einer natürlichen Auslese in der Gesellschaft, bei der sich der Stärkere durchsetzt, resultiert aus einer unreflektierten Übertragung der Gedanken Darwins von der biologischen auf die sozialen Ebene (Sozialdarwinismus).
- **Materialismus:** Die philosophische Strömung des Materialismus wurde im 19. Jahrhundert insbesondere durch den Bruder von Georg Büchner, Ludwig Büchner (1824–1899; *Kraft und Stoff*, 1855), und den Philosophen Ludwig Feuerbach (1804–1872) populär. Er beruht auf der Grundannahme, dass die Wirklichkeit nur als Materie existiert. Nur die Materie sei nachweisbar. Alles Bestehende, auch die Seele, sei auf Materielles zurückzuführen. Gott, Unsterblichkeit der Seele, aber auch die Willensfreiheit werden geleugnet. Der Materialismus widerspricht dezidiert christlich-theologischen Grundannahmen und grenzt sich vom Idealismus ab.
- **Positivismus:** Der französische Philosoph Auguste Comte (1798–1857) gilt als Begründer des Positivismus. Diese philo-

sophische Strömung basiert auf der Annahme, dass nur sinnlich Wahrnehmbares und empirisch Nachweisbares auch tatsächlich existent ist.

- **Milieutheorie:** Nach dem französischen Philosophen Hippolyte Taine (1828–1893) ist der Mensch durch drei Faktoren bestimmt: Herkunft, soziale Umgebung und Zeitumstände. Demnach ist der Mensch Produkt der ihn umgebenden sozialen Verhältnisse oder Umstände, z. B. die Gesellschaft, die Großstadt, die Technik etc. Da der Mensch durch Rasse, Geschichte und Gesellschaft vorgeprägt ist (**Determinismus**), ist Willensfreiheit nur eine Illusion. Folgerichtig werden die moralischen Begriffe »gut« und »böse« dem Handeln des Menschen nur bedingt gerecht.

Das Programm des Naturalismus

Der literarische Naturalismus versteht sich als künstlerische Moderne. Seine Grundlagen hat der Naturalismus in den Naturwissenschaften. Die Modernität des Naturalismus liegt bereits darin, dass dessen Vertreter mit der Tradition brechen wollen. So polemisieren sie gegen die poetologischen Konzepte ihrer Zeit, insbesondere gegen den Realismus. Sie lehnen sowohl den Idealismus als auch die herrschende bürgerliche Literaturauffassung ab. Stattdessen richten sie ihr Interesse auf die kapitalistischen Realitäten und machen die Elendsquartiere, das Kneipen-, Dirnen- und Fabrikarbeitermilieu, kurz: die **soziale Frage** zum ersten Mal zum Gegenstand der Literatur.

Die deutschen Naturalisten orientieren sich an europäischen Vorbildern. Wichtig sind Schriftsteller wie Dostojewski, Tolstoi, Jacobsen, Ibsen und Maupassant. Größten Einfluss übt allerdings der französische Dichter und Literaturtheoretiker

Émile Zola (1840–1902) aus. Dieser fordert, dass die Welt ohne Aussparung des sozial niedrigen und einfachen Lebens in der Literatur dargestellt werden solle. Nach Zola soll die Literatur die naturwissenschaftlichen Mittel des Experiments übernehmen, den Menschen in seiner neuen sozialen Wirklichkeit beobachten und diese Beobachtung mit klinischer Genauigkeit aufzeichnen.

Den Hintergrund für diese revolutionäre Literaturauffassung bildet der Siegeszug der Naturwissenschaft im 19. Jahrhundert. Die Naturalisten sind aufgrund ihres Glaubens an die Wissenschaften radikale Anhänger des **Fortschrittsoptimismus**. Sie streben eine »Revolution der Literatur« – so eine Programmschrift von Karl Bleibtreu aus dem Jahr 1886 – an.

Wesentliches Merkmal des Literaturverständnisses der Naturalisten ist die Abkehr von der Poetisierung und Verklärung der Wirklichkeit. Nicht mehr das Schöne, das Ästhetische, sondern das Genaue gilt als neuer Maßstab – auch für die Literatur. Die Wahrheit ersetzt die Schönheit als Kunstideal.

Leit- und Vorbildfunktion für die Ästhetik und Literatur übernehmen die Natur- und Sozialwissenschaften. Sie lösen damit die Philosophie ab. Arno Holz (1863–1929) und Wilhelm Bölsche (1861–1939) sind wichtige Theoretiker des literarischen Naturalismus. Von Bölsche stammt die programmatische Schrift *Die naturwissenschaftlichen Grundlagen der Poesie* (1887). Darin heißt es:

> »Die Basis unseres gesamten modernen Denkens bilden die Naturwissenschaften. Wir hören täglich mehr auf, die Welt und die Menschen nach metaphysischen Gesichtspunkten zu betrachten, die Erscheinungen der Natur selbst haben uns allmählich das Bild einer unerschütterlichen Gesetzmäßigkeit eines kosmischen Geschehens eingeprägt, dessen letz-

ten Gründe wir nicht kennen, von dessen lebendiger Betätigung wir aber unausgesetzt Zeuge sind. Das vornehmste Objekt naturwissenschaftlicher Forschung ist dabei selbstverständlich der Mensch geblieben, und es ist der fortschreitenden Wissenschaft gelungen, über das Wesen seiner geistigen und körperlichen Existenz ein außerordentlich großes Tatsachenmaterial festzustellen, das noch mit jeder Stunde wächst, aber bereits jetzt von einer derartigen beweisenden Kraft ist, dass die gesamten älteren Vorstellungen, die sich die Menschheit von ihrer eigenen Natur auf Grund weniger exakter Forschung gebildet, in den entscheidenden Punkten über den Haufen geworfen werden. [...]

Das bekannteste Beispiel hierfür ist die Religion deren einseitig dogmatischer Teil durch die Naturwissenschaften zersetzt und zu völliger Umwandlung gezwungen wurde. Ein zweites Gebiet aber, das auch wesentlich in Frage kommt, ist die Poesie. Welche besondern Zwecke diese auch immer verfolgen mag und wie sehr sie in ihrem innersten Wesen sich von exakten Naturwissenschaften unterscheiden mag [...], ganz unbezweifelbar hat sie unausgesetzt, um zu ihren besondern Zielen zu gelangen, mit Menschen und Naturerscheinungen zu tun, und zwar, sofern sie im geringsten gewissenhafte Poesie, also Poesie im echten und edeln Sinne und nicht ein Fabulieren für Kinder sein will, mit eben denselben Menschen und Naturerscheinungen, von denen die Wissenschaft uns gegenwärtig jenen Schatz sicherer Erkenntnis darbietet.«

Wilhelm Bölsche: Die naturwissenschaftlichen Grundlagen der Poesie. Leipzig 1887. S. 3 f.

Die naturalistische Poetik zeichnet sich durch den Versuch aus, naturwissenschaftliche Prinzipien wie Genauigkeit, Objektivität etc. auf die Literatur zu übertragen. Die Literatur soll die gesellschaftliche Wirklichkeit möglichst umfassend und objektiv abbilden. Entsprechend ist die Literatur des Naturalismus darauf ausgerichtet, die durch die Industrialisierung und Modernisierung bedingten sozialen und gesellschaftlichen Veränderungen in sich widerzuspiegeln. Statt sich wie im Realismus in realitätsferne Idyllen zu begeben, wendet man sich der gesellschaftlichen Wirklichkeit zu. Dadurch wächst der naturalistischen Literatur eine **sozialkritische Dimension** zu.

Arno Holz (1863–1929) fasst das ästhetische Programm des Naturalismus in seiner berühmt gewordenen mathematischen Formel zusammen:

»Kunst = Natur – x«

Arno Holz: Die Kunst. Ihr Wesen und ihre Gesetze. Berlin 1891. S. 112.

Nirgendwo deutlicher als in dieser Formel grenzt sich der Naturalismus vom Realismus ab. Während das »x« geradezu die Ästhetik des Realismus ausmacht, möchte es Holz möglichst klein halten. Holz versteht unter x individuelle Abweichungen in der Abbildung der Wirklichkeit (Natur) durch den Künstler. Diese Abweichungen sollten jedoch minimiert werden, damit das Kunstwerk (Literatur) der Natur möglichst nahekomme (**Deckungsgleichheit** zwischen Kunst und Realität). Diesen Gedanken übernimmt Maximilian Harden (1861–1927) in seiner Abhandlung »Die Wahrheit auf der Bühne« aus dem Jahr 1888:

»Was will der Naturalismus? Er fordert Abwendung von aller Konvention, Umkehr zur rücksichtslosesten Wahrheit ohne jeden Kompromiss, er will ein Stückchen Natur schildern, wie es sich in seinem Temperament zeigt, ohne das Bild mit dem Firnis der Schönheitsfärberei zu überpinseln. Wie die Wissenschaft zur analytischen Experimentalmethode, die Geschichtsforschung zum Quellenstudium zurückkehrt, ebenso soll die Literatur menschliche Dokumente sammeln, um den Menschen als Resultat seiner Lebensbedingungen und Umgebung, nicht als Zufallsprodukt schönheitsdurstiger Fantasie erscheinen zu lasen. Menschen von festem Knochenbau, vom Dichter geschaut, in Verhältnisse, Konflikte, Leidenschaften verwickelt, wie sie das tägliche Leben jedes Einzelnen mit sich bringt, das ist der vornehmste Glaubenssatz im naturalistischen Evangelium.«

Maximilian Harden: Die Wahrheit auf der Bühne. In: Der Kunstwart 1 (1887/88) H. 15. S. 201–204. Zitiert nach: Literarische Manifeste des Naturalismus 1880–1892. Hrsg. von Erich Ruprecht. Stuttgart: Metzler, 1962. S. 108.

Ziel der naturalistischen Literaturauffassung ist es, die soziale Wirklichkeit im Kunstwerk unverfälscht wiederzugeben. Auch hinsichtlich der Auswahl der Stoffe und Charaktere lehnen die Naturalisten Vorlagen und »edle Helden« ab. Besondere Aufmerksamkeit gilt Vertretern jener Personengruppen, die nach traditionellen Maßstäben als **hässlich**, nieder oder abseitig betrachtet werden, z. B. Alkoholiker, Dirnen, Geisteskranke. ☑

Allerdings stellt der Naturalismus keine einheitliche, in sich geschlossene literarische Bewegung dar. Er ist eine Weiterentwicklung des Realismus, teilt aber auch Ideen und Formen mit anderen literarischen Strömungen, so zum Beispiel mit dem Impressionismus oder Symbolismus. In thematischer und in sprachlicher Hinsicht nimmt der Naturalismus einige Aspekte des Expressionismus vorweg. Das gilt beispielsweise für die Ästhetik des Hässlichen.

Literarische Formen und Gattungen

Formen des Erzählens

Im Naturalismus erfreuen sich epische Kleinformen wie Kurzerzählung, Novelle, Studie und Skizze großer Beliebtheit. Die Novelle avanciert sogar zu einer der wichtigsten literarischen Gattungen. Bevorzugt behandelt werden die Großstadt sowie die sozialen und gesellschaftlichen Begleiterscheinungen der Industrialisierung.

Innovativ ist, dass Prosatexte nicht mehr als geschlossene Erzählungen konzipiert und präsentiert werden. Sie erscheinen vielmehr als selektive Skizzen und bilden Wirklichkeitsfragmente ab. Häufig tragen sie den Untertitel »Studie«, was sowohl auf ihren fragmentarischen als auch einen wissenschaftlichen Charakter hindeutet.

Definition: Novelle

»Novelle (ital. novella ›Neuigkeit‹): Epische Untergattung einer Prosaerzählung mittlerer Länge. Die N. wird wegen ihrer unterschiedlichen Erscheinungsformen uneinheitlich definiert. Doch gemeinsam ist den meisten N., dass sie »eine sich ereignete unerhörte Begebenheit« (Johann Wolfgang Goethe) behandeln. Das geschilderte Ereignis hat aufgrund seines außergewöhnlichen Charakters Neuigkeitswert und erhebt gleichzeitig Anspruch auf Wirklichkeit. Wesentliche novellistische Merkmale sind: straffe Handlungsführung um einen zentralen Konflikt (Nähe zum Drama), Einsatz szenischer und dialogischer Elemente, Zuspitzung auf einen Höhe- und Wendepunkt, Tendenz zur geschlossenen Form, Leitmotiv und Dingsymbol.«

Yomb May: Literarische Grundbegriffe. (Kompaktwissen XL. 15243.) Stuttgart 2021. S. 117.

Auch im Hinblick auf das Figurenrepertoire zeigt der Naturalismus einen deutlichen ästhetischen Wandel. Bevorzugt werden Figuren aus unteren Schichten der Gesellschaft, häufig (aber nicht ausschließlich) Vertreter der Arbeiterklasse. Sie stehen im Gegensatz zur bürgerlichen Welt. Die Protagonisten, häufig **Antihelden**, werden in der Regel als Opfer eines profitgierigen Kapitalismus dargestellt. Sie sind unfähig, dem Einfluss ihrer Abstammung und ihres Milieus zu entkommen. In Großstädten führen sie ein Leben in Elend und Schmutz und gehen oft daran zugrunde. Naturalistische Figuren bilden keine herausragenden Charaktere mit außergewöhnlichen und vorbildhaften oder »edlen« Eigenschaften. Sie scheitern häufig. ✓

Einige dieser Merkmale der naturalistischen Literatur zeigen sich beispielweise an der Novelle *Bahnwärter Thiel* (1888) von Gerhart Hauptmann (1862–1946). Die Novelle trägt den Untertitel »Novellistische Studie aus dem märkischen Kiefernforst«, wodurch die Modernität des Textes angezeigt wird: Der Protagonist Thiel ist von Beruf Bahnwärter und in zweiter Ehe mit Lene verheiratet. Sie behandelt Tobias, Thiels Sohn aus erster Ehe mit seiner verstorbenen Frau Minna, schlecht. Doch aufgrund seines »unverwüstlichen Phlegmas« erträgt Thiel über einen langen Zeitraum die »harte, herrschsüchtige Gemütsart« und die »Zanksucht und brutale Leidenschaftlichkeit« seiner zweiten Frau. Als Lene beim Kartoffelstecken auf einem Acker in der Nähe des Bahnwärterhäuschens nicht auf Tobias aufpasst, wird dieser von einem Zug erfasst und getötet. Thiel gibt Lene die Schuld an Tobias' Tod, erschlägt sie und ihr Kind im Wahn und endet als Irrsinniger.

Hauptmann benutzt das Motiv der Ermordung der Ehefrau, um die selbstzerstörerische Gewalt des Liebestriebs ins Licht zu heben. Diese zum Teil schaurige Handlungssequenz ist typisch naturalistisch und psychologisch modern. Am Beispiel der Novelle *Bahnwärter Thiel* wird deutlich, dass erzählende Literatur des Naturalismus zwar häufig, aber nicht ausschließlich den sozialen Kontext des Proletariats bzw. das Arbeitermilieu thematisiert.

Außer mit sozialen Fragen befassen sich zahlreiche Autoren mit Themen wie Veranlagung, Milieu, Sexualität und ihrer Befriedigung. Dabei wird deutlich, wie die zerstörerische Macht der Triebhaftigkeit die romantische Beziehung zwischen den Geschlechtern auflöst und der sexuellen Hörigkeit Platz macht. Gerade auch hinsichtlich ihrer Sexualität treten Thiel und Lene als typisch naturalistische Figuren auf. Lene wird als triebgesteuerter Mensch mit unbändiger Leidenschaftlichkeit und seelischer Armut beschrieben. Thiel zeichnet sich durch sexuelle Hörigkeit und intellektuelle Beschränktheit aus. Er ist nicht in der Lage, seinen eigenen Sohn vor Lene zu schützen. Dafür müsste er seiner Triebe Herr werden, was er allerdings nicht kann, weil der Trieb als biologisch determiniert dargestellt ist. Durch die Ermordung seiner Frau löst er sich zwar von seiner sexuellen Abhängigkeit, fällt allerdings in den Irrsinn, was die hoffnungslose Gefangenschaft des Menschen in seiner Veranlagung, in diesem Fall seiner Triebhaftigkeit und seinem Milieu, unterstreicht.

Besonders innovativ in naturalistischen Erzähltexten ist die exakte, alle noch so banalen Details auf die Sekunde genau aufnehmende Beschreibung von Situationen und Ereignissen. Man nennt diese im Naturalismus entwickelte Erzähltechnik ☑ **Sekundenstil**.

Definition: Sekundenstil

Naturalistische Beschreibungs- und Erzähltechnik, die sich durch ›sekundengenaue‹ Wiedergabe der Bewegungen und Sinneswahrnehmungen auszeichnet. In der erzählenden Literatur führt der Sekundenstil zu einer nahezu vollständigen Deckungsgleichheit von Erzählzeit und erzählter Zeit. Im Drama wird der Sekundenstil dadurch realisiert, dass Dialoge häufig durch entsprechende Regieanweisungen unterbrochen werden.

Gerhart Hauptmann verwendet den Sekundenstil zum ersten Mal 1888 in seiner Novelle *Bahnwärter Thiel.* Die Szene eines herannahenden Zugs ist dafür repräsentativ:

> »Ein dunkler Punkt am Horizonte, da wo die Geleise sich trafen, vergrößerte sich. Von Sekunde zu Sekunde wachsend, schien er doch auf einer Stelle zu stehen. Plötzlich bekam er Bewegung und näherte sich. Durch die Geleise ging ein Vibrieren und Summen, ein rhythmisches Geklirr, ein dumpfes Getöse, das, lauter und lauer werdend, zuletzt den Hufschlägen eines heranbrausenden Reitergeschwaders nicht unähnlich war.«
>
> Gerhart Hauptmann: Bahnwärter Thiel. (Reclam XL. Text und Kontext. 16123.) Hrsg. von Max Kämper. Stuttgart 2021. S. 20.

Die ästhetische Besonderheit dieser Erzählweise liegt nicht zuletzt darin, dass die Wirklichkeit in der Sprache der Literatur so exakt wie möglich erfasst und wiedergegeben wird. Detailgenauigkeit und Akribie spielen dabei eine zentrale Rolle. Das zeigt sich ebenfalls an der Erzählung *Papa Hamlet* von Arno Holz (1863–1929) und Johannes Schlaf (1862–1941) aus dem Jahr 1889: Der gescheiterte Schauspieler Niels Thienwiebel fristet ein ärmliches Leben mit seiner schwindsüchtigen Frau und dem kranken Säugling in einer heruntergekommenen Dachstube. Detailgenau heißt es:

> »Eine Diele knackte, das Öl knisterte, draußen auf die Dachrinne tropfte das Tauwetter.
> Tipp ....
> .... Tipp.......................................
> ....Tipp...
> ....Tipp ....
> ....«
>
> Arno Holz / Johannes Schlaf: Papa Hamlet. Ein Tod. Nachw. und Anm. von Philipp Böttcher. Stuttgart 2022. S. 76.

Naturalistisch an dieser Textstelle ist der Versuch, die fallenden Tautropfen zeitlich exakt wiederzugeben. Durch die Verwendung des Sekundenstils kommt es häufig zu einer Deckungsgleichheit von erzählter Zeit und Erzählzeit.

Definition: Erzählte Zeit / Erzählzeit

- Erzählte Zeit: Zeitraum, innerhalb dessen sich die (erzählte) Handlung bzw. ein erzähltes Geschehen erstreckt.
- Erzählzeit: Zeitspanne, welche die Lektüre oder das Erzählen eines epischen Textes in Anspruch nimmt.

Ist die Erzählzeit länger als die erzählte Zeit, spricht man von einer Zeitdehnung.
Ist die Erzählzeit kürzer als die erzählte Zeit, dann liegt eine Zeitraffung vor.
Von einer Zeitdeckung ist die Rede, wenn Erzählzeit und erzählte Zeit übereinstimmen.

Zu den wichtigsten Charakteristika des naturalistischen Prosastils zählen darüber hinaus auch Dialoge, Geräusche und Gedankenreden in Form von inneren Monologen. Diese werden detailgenau beschrieben und wiedergegeben. Zu den sprachlichen Besonderheiten zählt die Verwendung von **Soziolekten**, **Dialekten** und dem Jargon sowie Wortfetzen und Interjektionen. Auch hier ist es das Ziel, die tatsächliche Sprachverwendung so genau wie möglich abzubilden.

Merkmale der naturalistischen Prosa

- Kleinformen
- Thema: Großstadt
- Folgen der Industrialisierung
- Sekundenstil
- Innerer Monolog
- Soziolekt/Dialekt
- Antihelden

Besonderheiten des lyrischen Sprechens

Lyrik nimmt in der Literatur des Naturalismus eine eher untergeordnete Stellung ein. Das liegt daran, dass Gedichte für die Erfüllung der zentralen poetologischen Forderungen des Naturalismus, insbesondere die Annäherung an die Alltagssprache, von allen literarischen Gattungen am wenigsten geeignet scheint.

Innovative Erscheinungsformen in der naturalistischen Lyrik betreffen zuerst die Inhalte. Naturalistische Lyriker widmen sich in ihren Gedichten der zeitgenössischen sozialen Realität und der Großstadt als einer neuartigen Erfahrungswelt. Naturalistische Gedichte sind daher tendenziell sozialkritisch ausgerichtet. Entsprechend bilden die **Großstadtlyrik** und die soziale Lyrik zwei wichtige Ausprägungsformen naturalistischer Lyrik. Eine trennscharfe Abgrenzung beider Formen ist nicht immer möglich. ☑

Auf der Suche nach Ausdrucksmitteln für die neue urbane Realität durchbrechen naturalistische Lyriker subjektive Emotionen und unreflektierte Naturschilderungen der traditionellen Lyrik. Lyrisches Sprechen im Naturalismus steht oft im Dienst der Erschließung der Großstadtwelt: Das lyrische Ich löst sich in naturalistischen Gedichten von der traditionellen Bindung an subjektive Emotionen und sieht sich, häufig in der Funktion eines Großstadtflaneurs, mit der Erfahrung der Großstadt und ihrem Konfliktpotenzial konfrontiert. Zentral sind in naturalistischen Gedichten Probleme der urbanen Lebensweise. Die Großstadt wird als Ort des Elends und der Entfremdung erlebt.

Lyrisches Sprechen im Naturalismus bricht mit den formalen Elementen traditioneller Lyrik. Auf strukturierende Elemente wie Strophe, Metrik und Reim wird weitgehend verzichtet (**formale Freiheit**). Durch das Fehlen des Reims ist die Sprach- ☑

musikalität (Wohlklang) in vielen naturalistischen Gedichten schwach entwickelt. Lyriker des Naturalismus verzichten auf die gebundene und feierliche Sprache, wie sie in der traditionellen Lyrik gepflegt wird.

Holz' Gedichtsammlung *Phantasus*, die in den Jahren 1898 und 1899 erscheint, gilt heute als wichtigste Gedichtsammlung des Naturalismus. Darin verarbeitet der Autor Elemente des Alltags in Berlin und greift das moderne Großstadtleben vielfach auf. Auch in formaler und in sprachlicher Hinsicht heben sich Holz' Gedichte von der traditionellen Lyrik ab. Das wird beispielsweise an dem Gedicht *Rote Dächer!* aus der Sammlung *Phantasus* sichtbar:

Arno Holz

Rote Dächer!
Aus den Schornsteinen, hier und da, Rauch,
oben, hoch, in sonniger Luft, ab und zu, Tauben.
Es ist Nachmittag.
Aus Mohdrickers Garten her gackert eine Henne,
die ganze Stadt riecht nach Kaffee.

Ich bin ein kleiner, achtjähriger Junge
Und liege, das Kinn in beide Fäuste,
platt auf dem Bauch
und kucke durch die Bodenluke.
Unter mir, steil, der Hof,
hinter mir, weggeworfen, ein Buch.
Franz Hoffmann. Die Sclavenjäger.

Wie still das ist!

Nur drüben in Knorrs Regenrinne
Zwei Spatzen, die sich um einen Strohhalm zanken,
ein Mann, der sägt,
und dazwischen, deutlich von der Kirche her,
in kurzen Pausen, regelmäßig, hämmernd,
der Kupferschmied Thiel.

Wenn ich unten runtersehe,
sehe ich grade auf Mutters Blumenbrett:
ein Topf Goldlack, zwei Töpfe Levkoyen, eine Geranie
und mittendrin, zierlich in einem Zigarrenkistchen,
ein Hümpelchen Reseda.

Wie das riecht? Bis zu mir rauf!

Und die Farben!
Jetzt! Wie der Wind drüber weht!
Die wunder, wunderschönen Farben!

Ich schließe die Augen. Ich sehe sie noch immer.

Arno Holz: Phantasus. Erstes Heft. Berlin 1898. S. [19].

In diesem Gedicht lässt sich eine genaue, beinahe fotografische Beobachtung des Alltags erkennen, die in eine klare, fast spröde Sprache umgesetzt ist. Formal zeichnet sich das Gedicht durch mittelachsenzentrierte Verse aus. Es gliedert sich in acht unterschiedliche Abschnitte (keine Strophen). Diese sind weder durch einen einheitlichen Strophenbau noch durch ein Versmaß oder einen Reim miteinander verbunden. Stattdessen sind die Verse um eine Mittelachse gruppiert.

Inhaltlich stehen kleinstädtische **Alltagsbeobachtungen** im ☑

Mittelpunkt, die in der traditionellen Lyrik als nicht kunstfähig gelten. Der Sprecher, ein achtjähriger Junge, versucht einen Augenblick multisensorisch einzufangen und die Wirkung bestimmter Reize darzustellen. Schornsteine rauchen, Tauben sind in der Luft, Hennen gackern, Kaffeegeruch, Spatzen zanken, Handwerkergeräusche etc. Auffällig ist dabei, dass der Sprecher passiv bleibt. Das lyrische Ich nimmt die Umgebung wahr und lässt diese auf sich wirken.

Die geschilderte Alltagssituation und die Verwendung der Alltagsprache machen die Absage an die elaborierte Diktion der traditionellen Lyrik deutlich. Die Sätze entsprechen dem Sekundenstil, der in der naturalistischen Lyrik häufig verwendet wird. Die zahlreichen Kommata verleihen dem Text einen unregelmäßigen Rhythmus, welcher der natürlichen Wahrnehmung der Umwelt analog ist.

Allerdings betont das zitierte Gedicht ebenfalls flüchtige Beobachtungen und »Stimmungen«, die eher für den Impressionismus und den Jugendstil charakteristisch sind. Man kann daher annehmen, dass hier in der literarischen Praxis des Naturalismus ästhetische Vorstellungen Niederschlag finden, die von literarischen Strömungen zur Entfaltung gebracht werden, die sich parallel dazu als antinaturalistisch definiert haben.

Merkmale der naturalistischen Lyrik

- Großstadtlyrik / Soziale Lyrik
- Bruch mit der traditionellen Lyrik
- Verzicht auf Reim, Strophe, Metrum (formale Freiheit)
- Schilderung der Alltagswirklichkeit
- Detailtreue
- Alltagssprache

Das naturalistische Drama

Im Naturalismus avanciert das Drama, insbesondere das »soziale Drama« und das »Familiendrama«, zur wichtigsten literarischen Gattung. Vertreter des Naturalismus sind der Ansicht, dass das Drama besser als andere literarische Kunstformen dem alltäglichen Leben der Menschen näherkomme.

Bedeutendster und innovativster Dramatiker des Naturalismus ist der aus Schlesien stammende Gerhart Hauptmann (1862–1946). In seinem Drama *Vor Sonnenaufgang* (1889), das explizit den Untertitel »**Soziales Drama**« trägt, stellt Hauptmann den Verfall einer Bauernfamilie dar, die durch Kohlenfunde reich aber zugleich alkoholsüchtig geworden ist. Hauptmann lässt die Figur des Loths wörtlich aus Gustav von Bunges Buch *Die Alkoholfrage* (1887) zitieren, um die naturalistische Überzeugung zu veranschaulichen, dass der Einfluss des Milieus und die natürliche Veranlagung zum Untergang führen. ☑

Definition: Soziales Drama

»Form der sozial engagierten Dramatik des 19. und 20. Jahrhunderts. Das soziale Drama setzt sich mit gesellschaftlichen Veränderungen und Missständen kritisch auseinander, die aus der industriellen Revolution hervorgegangen sind: Arbeitslosigkeit, Massenarmut, Ausbeutung des Proletariats etc. Die sozialen Unterschiede zeigen sich oft auch an der Sprache der Figuren.

- Georg Büchner, *Woyzeck* (1836/37);
- Gerhart Hauptmann, *Die Weber* (1892);
- Bertolt Brecht, *Der gute Mensch von Sezuan* (1943)«

Yomb May: Literarische Grundbegriffe. (Kompaktwissen XL. 15243.) Stuttgart 2021. S. 154f.

Verein Freie Bühne.

Sonntag, den 20. October 1889.

Vor Sonnenaufgang.

Soziales Drama in fünf Aufzügen von Gerhart Hauptmann.

Krause, Bauerngutsbesitzer	Hans Pagay.
Frau Krause, seine zweite Frau	Louise von Pöllnitz.
Helene, Krause's Tochter erster Ehe	Elsa Lehmann.
Hoffmann, Ingenieur, verheirathet mit Krause's anderer Tochter erster Ehe	Gustav Kadelburg.
Wilhelm Kahl, Neffe der Frau Krause	Carl Stallmann.
Frau Spiller, Gesellschafterin bei Frau Krause	Ida Stägemann.
Alfred Loth	Theodor Brandt.
Dr. Schimmelpfennig	Franz Guthery.
Beibst, Arbeitsmann auf Krause's Gut	Paul Pauly.
Guste, Liese, Marie, Mägde auf Krause's Gut	Sophie Berg. Clara Hayn. Antonie Ziegler.
Baer, genannt Hopslabaer	Ferdinand Meyer.
Eduard, Hoffmann's Diener	Edmund Schmasow.
Miele, Hausmädchen bei Frau Krause	Helene Schüke.
Die Kutschenfrau	Marie Gundra.
Golisch, genannt Gosch, Kuhjunge	Georg Baselt.

Ort der Handlung: ein Dorf in Schlesien.

Regie: Hans Meery.

Nach dem ersten Akt findet eine Pause statt.

Abb. 3: Theaterzettel zur Uraufführung des Dramas *Vor Sonnenaufgang* von Gerhart Hauptmann im Berliner Lessing-Theater am 20. Oktober 1889.

Aufgrund der offenen und zugleich schockierenden Darstellung von Alkoholismus, Inzest und sexuellen Handlungen löst die Uraufführung des Dramas *Vor Sonnenaufgang* in der »Freien Bühne« im Jahr 1889 einen Theaterskandal aus.

Obwohl Hauptmanns Drama *Vor Sonnenaufgang* »klassisch« aufgebaut ist und sich an die aristotelischen Drei Einheiten (Ort, Zeit und Handlung) hält, werden typische naturalistische Merkmale deutlich. So lässt Hauptmann seine Figuren in starkem Dialekt sprechen:

> »Dohie hä! biin iich nee a hibscher Moan? Hoa' iich nee a hibsch Weib? Hoa' iich nee a poar hibsche Tächter dohie hä?«
>
> Gerhart Hauptmann: Vor Sonnenaufgang. Soziales Drama. (Reclam XL. Text und Kontext. 16152.) Hrsg. von Uwe Hentschel. Stuttgart 2021 [u. ö.]. S. 133.

Es geht bei der Verwendung der Umgangssprache und des Dialektes in der naturalistischen Literatur zunächst um einen Bruch mit der Konvention des klassischen Dramas, welches häufig sogar in gebundener Sprache geschrieben wurde.

Außerdem versuchen die Autoren durch die bewusste Verwendung der Umgangssprache das Milieu, das die Figuren prägt, auch sprachlich so authentisch wie möglich zu erfassen bzw. abzubilden. Damit zeigt das Drama, dass die Figuren nicht nur in ihrem Milieu, sondern auch in ihrer Sprache gefangen sind. Vor diesem Hintergrund ist auch die Bedeutung, die dem Epischen im naturalistischen Drama eingeräumt wird, zu verstehen. Mit Hilfe ausführlicher Regieanweisungen wird nicht nur die Ausstattung, sondern auch die Anordnung der Szenen in großer **Detailtreue** exakt beschrieben. Spielanweisungen geben genaue Informationen über Sprechweise, Pausen und Tempo. ☑

Den Aufstand der vom Verhungern bedrohten Weber in der schlesischen Heimat macht Gerhart Hauptmann zum Gegenstand seines sozialen Dramas *Die Weber* (1892). Waren die Weber als Masse bisher gedemütigte Bittsteller, so legt Hauptmann den Keim der Revolte in die Figuren des Bäckers und des Jägers. Im Grunde aber ist – auch das ist neu – eine soziale Gruppe Protagonist des Dramas: die namengebenden Weber. Naturalistische Züge zeigen sich bereits darin, dass Hauptmann die miserablen Lebensverhältnisse der Weber überhaupt zum Gegenstand des Dramas macht und damit einen grundlegenden Klassenkonflikt seiner Zeit auf die Bühne bringt. Der Fokus auf die Benachteiligten bewirkt Verständnis für diese. Das Soziale Drama ist damit zugleich eine Form der **Gesellschaftskritik**.

Aber nicht nur durch den Inhalt, sondern auch durch die Form einer wirklichkeitsgetreuen Darstellungstechnik setzt Hauptmann das naturalistische Programm um: Trotz der traditionellen fünf Akte setzt sich das Drama aus einer losen Folge einander ergänzender Bilder zusammen, die keinen strengen, nämlich kausalen Zusammenhang erkennen lassen.

Auch Arno Holz (1863–1929) und Johannes Schlaf (1862–1941) greifen in ihrem Drama *Die Familie Selicke*, das 1890 uraufgeführt wird, die Thematik der Zersetzung einer **Familie** durch das Leben in der Großstadt auf. Dargestellt wird dabei die Alltagsmisere einer kleinbürgerlichen Familie, die in einer bedrückenden Enge lebt und unter chronischem Geldmangel leidet. Der Vater verfällt nicht nur dem Alkohol, sondern er entwickelt sogar ein inzestuöses Verlangen gegenüber seiner eigenen Tochter.

Während das Familiendrama die Konflikte im Familienkontext inszeniert, widmet sich das soziale Drama dem **Elend** des ausgebeuteten Proletariats. Allerdings ist eine scharfe Trennung zwischen beiden Dramentypen nicht immer möglich. Entsprechend dem sozialen Interesse der naturalistischen Literatur gilt die Aufmerksamkeit keinen herausragenden Charakteren. Die neuen Protagonisten sind Alltagsmenschen – oder sogar, wie gesehen, soziale Gruppen, deren Tragödie Gegenstand der Handlung ist. Das naturalistische Drama fokussiert häufig den **Antihelden**. ☑

In seinem Drama *Die Ratten* (1911) liefert Hauptmann die Begründung für die naturalistische Neuausrichtung des Dramas: Der Student Spitta lehnt klassische Stücke (Goethe, Schiller, Shakespeare) ab und möchte stattdessen einfache Leute auf die Bühne bringen. Doch der Direktor Hassenreuther hält ihm vor:

> »DIREKTOR HASSENREUTER. […] Sie haben neulich behauptet, dass unter Umständen ein Barbier oder eine Reinmachefrau aus der Mulackstraße ebenso gut ein Objekt der Tragödie sein könnte als Lady Macbeth und König Lear.
>
> SPITTA *(bleich, putzt seine Brille)*. Vor der Kunst wie vor dem Gesetz sind alle Menschen gleich, Herr Direktor.«
>
> Gerhart Hauptmann: Die Ratten. Berliner Tragikomödie. (Reclam XL. Text und Kontext 19437). Stuttgart 2019. S. 72.

In diesem Drama wird allerdings nicht nur das Schicksal des Proletariats in den heruntergekommenen Mietskasernen angesprochen, sondern nahezu alle charakteristischen Themen der Moderne: Nationalismus, Rassismus, Bürokratie etc.

Merkmale des naturalistischen Dramas
• Soziales und Familiendrama • Detaillierte Regieanweisungen • Genaue Darstellung der Szenen • Keine Verse • Fokus liegt auf dem Antihelden • Keine größeren Monologe • Dialekt/Umgangssprache • Soziale Gruppen als Akteure • Antihelden

Hauptthemen und Motive / Sprache und Stilmerkmale

Hauptthemen und Motive	Sprache und Stilmerkmale
• Armut / soziales Elend • Not • Schmutz • Kriminalität • Prostitution • Krankheit • Ausbeutung • Alkoholismus • Großstadtleben • Determiniertheit menschlichen Handelns • Macht der Umstände	• Umgangssprache • Jargon • Dialekt • Soziolekt • Detailgenauigkeit • Dokumentationsstil • Sekundenstil • Interjektionen • Onomatopoetische Verfahrensweisen

Textbeispiel und Kurzkommentar

Arno Holz / Johannes Schlaf: *Papa Hamlet* (1889):

Er hatte sich wieder auf die andre Seite gewälzt. Die Decke von ihrer Schulter hatte er mit sich gedreht, sie lag jetzt fast bloß da .... […]

Das Nachtlämpchen auf dem Tisch hatte jetzt zu zittern aufgehört.

[…]

Sie schüttelte sich. Ein fader Schnapsgeruch hatte sich allmählich über das ganze Bett hin verbreitet.

»So ein Leben! Man hat's wirklich weit gebracht! … Nu sich noch von so'ner alten Hexe rausschmeißen lassen! Reizend!! Na, was macht man nu? Liegt man morgen auf der Straße! … Nu sag doch?«

Sie hatte sich jetzt noch fester gegen die Wand gedrückt. Ihr Schluchzen hatte aufgehört, sie drehte ihm den Rücken zu.

»Ich weiß ja! Du bist ja am Ende auch nicht schuld dran! Nu sag doch!«

Er war jetzt wieder auf sie zugerückt.

»Nu sag doch! … Man kann doch nicht so – verhungern?!«

Er lag jetzt dicht hinter ihr.

»Ich kann ja auch nicht dafür! … Ich bin ja gar nicht so! Is auch wahr! Man wird ganz zum Vieh bei solchem Leben! … Du schläfst doch nicht schon?«

Sie hustete.

»Ach Gott, ja! Und nu bist du auch noch so krank! Und das Kind! Dies viele Nähen … Aber du schonst dich ja auch gar nicht … ich sag's ja!«

Arno Holz / Johannes Schlaf: Papa Hamlet. Ein Tod. Nachw. und Anm. von Philipp Böttcher. Stuttgart 2022. S. 72–74.

Dass dieser Textauszug dem Naturalismus zuzuordnen ist, wird an zahlreichen Aspekten deutlich. Die Schlaflosigkeit der Eheleute ist auf ihre Sorgen und Nöte zurückzuführen. Dass die beiden Figuren in Armut leben, wird bereits daran erkennbar, dass sie nichts zu essen haben (»Man kann doch nicht so – verhungern?!«) und zum Schlafen nur eine Decke besitzen, die der Mann an sich reißt, nachdem er sich in betrunkenem Zustand zu seiner kranken Frau hingelegt hat. Typische Themen der naturalistischen Literatur werden sofort sichtbar: Krankheit (»Und nu bist du auch noch so krank! Und das Kind!«) und Alkoholismus: der »Schnapsgeruch hatte sich allmählich über das ganze Bett hin verbreitet«. Bemerkenswert ist, dass der Ehemann die miserable Situation, in der sich die Familie befindet, dem Schicksal zuschreibt: »Ich kann ja auch nicht dafür!« Zugleich erkennt er aber, dass das Leben, das die Familie gerade führt, menschenunwürdig ist: »Man wird ganz zum Vieh bei solchem Leben!« Als typischer Antiheld sucht er keinen Ausweg aus der Situation, sondern bleibt, ganz im naturalistischen Sinn, Opfer der Umstände.

Darstellungstechnisch ist der Sekundenstil deutlich erkennbar. Minutiös werden das Gespräch und die Bewegungen der Eheleute abgebildet. Sogar die Nacktheit der Frau wird exakt festgehalten: »sie lag jetzt fast bloß da ....«. Auch sprachlich weist der Textauszug zahlreiche Merkmale naturalistischen Sprechens, so zum Beispiel umgangssprachliche Formulierungen und Interjektionen, auf, die das Gespräch zwischen den beiden Figuren natürlich und authentisch erscheinen lassen.

Autoren und Werke (Auswahl)

- Henrik **Ibsen** (1828–1906): *Nora oder Ein Puppenheim* (Drama, 1879)
- August **Strindberg** (1849–1912): *Der Vater* (Drama, 1887); *Fräulein Julie* (Drama, 1888)
- Clara **Viebig** (1860–1952): *Kinder der Eifel* (Novellensammlung, 1897)
- Wilhelm **Bölsche** (1861–1939): *Die naturwissenschaftlichen Grundlagen der Poesie* (Poetik, 1887)
- Gerhart **Hauptmann** (1862–1946): *Bahnwärter Thiel* (Novelle, 1888); *Vor Sonnenaufgang* (Drama, 1889)
- Arno **Holz** (1863–1929) / Johannes **Schlaf** (1862–1941): *Papa Hamlet* (Novellen, 1889)
- Arno **Holz** (1863–1929): *Phantasus* (Gedichte, 1898/99)

Leitfragen zum Naturalismus

1. Wodurch zeichnet sich das naturalistische Menschenbild aus?
2. Welches Anliegen verfolgt die Literatur des Naturalismus?
3. Wie wird das ästhetische Postulat des Naturalismus in der Literatur umgesetzt?
4. Inwiefern ist die naturalistische Literatur politisch?

3 Fin de Siècle / Décadence (1890–1914)

Checkliste

- ☑ Untergangsstimmung
- ☑ Degenerationsfantasien
- ☑ Daseinspessimismus
- ☑ Nihilismus
- ☑ Schönheit des Untergangs
- ☑ Kultureller Niedergang
- ☑ Verfeinerung
- ☑ Morbidität
- ☑ Niedergang des Bürgertums
- ☑ Personale Erzählsituation
- ☑ Innerer Monolog
- ☑ Bewusstseinsstrom
- ☑ Formbewusstsein (Metrum und Reimschema)
- ☑ Melancholie
- ☑ Endzeitstimmung
- ☑ Ästhetizismus

Zeitgeschichtlicher Kontext und Begriffsbestimmung

Häufig wird die deutschsprachige Literatur um 1900 insgesamt mit den Begriffen »Fin de Siècle« und »Décadence« als Sammelbegriff für sämtliche Strömungen zwischen Naturalismus und Expressionismus bedacht. Im engeren Sinn handelt es sich aber um eine Strömung um 1900 neben mehreren; in diesem Sinn werden die Bezeichnungen hier verwendet.

Beide Begriffe stammen aus dem Französischen und können als ›Ende des Jahrhunderts‹ bzw. ›Dekadenz‹, d. h. Verfall, übersetzt werden. Auch wenn beide Begriffe keine Synonyme bilden, so stehen sie doch in enger Beziehung zueinander. Mit dem Begriff »Fin de Siècle« wird das zeitliche Ende des 19. Jahrhunderts und mit dem Begriff »Décadence« die Endzeit- oder ☑ **Untergangsstimmung** ausgedrückt. Der Begriff »Décadence« steht für den Niedergang bzw. den moralischen Verfall am Ende des 19. Jahrhunderts. Und tatsächlich sind am Ausklang des 19. Jahrhunderts und bis 1914, vor dem Ausbruch des Ersten Weltkriegs, eine melancholische Verfallstimmung und ein Be- ☑ wusstsein für den Niedergang (**Degenerationsfantasien**) verbreitet, die nicht nur in der Literatur, sondern auch in den bildenden Künsten und in der Musik Niederschlag finden. Im engeren – und hier gemeinten – Sinn bezeichnen die beiden Begriffe eine Strömung innerhalb der Literatur um 1900, die genau diese Stimmung repräsentiert.

Der Begriff »Fin de Siècle« ist dabei nicht zu wörtlich zu nehmen, da die literarische Strömung, die er bezeichnet, für den Zeitraum 1890 bis 1910 angesetzt wird und somit deutlich über das eigentliche Ende des Jahrhunderts hinausreicht.

Leitgedanken

Abb. 4: Henri de Toulouse-Lautrec, *Au Moulin Rouge* (1892/95)

Das Lebensgefühl der »Décadence« und des »Fin de Siècle« resultiert aus einer radikalen Skepsis gegenüber dem Fortschrittsoptimismus, der für den wissenschaftsgläubigen Naturalismus geradezu prägend ist. Dieses tiefe Misstrauen gegenüber dem realen Leben hat seine Wurzeln im **Daseinspessimismus** der Philosophen Arthur Schopenhauer (1788–1860) und Friedrich Nietzsche (1844–1900). Schopenhauer zufolge ist menschliches Leben aufgrund der Endlichkeit des Daseins sinnlos und zum Scheitern verurteilt. Nietzsche schließt sich Schopenhauers

These der Sinnlosigkeit des Daseins an und erweitert diese um einen kulturpessimistischen Aspekt. Sein grundsätzlicher Zweifel an allen Erkenntnisgewissheiten und die Betonung der Relativität des Wahrheitsbegriffs stellen die Erkenntnistheorie des Naturalismus in Frage. Nietzsche ist der Begründer des **Nihilismus**. Seine Forderung nach einer radikalen Umwertung aller Werte entspricht dem Gefühl des kulturellen Verfalls und der Endzeitstimmung um 1900.

Definition: Nihilismus

Nihilismus (lat. *nihil* ›nichts‹): von Friedrich Nietzsche (1844–1900) geprägte philosophische Denkrichtung, die auf der Verneinung aller Werte beruht. Der Nihilismus ist die verbreitete geistige Haltung um 1900.

Das Programm des Fin de Siècle / Décadence

Die Strömung ist in Frankreich entstanden. Als wichtigster Vertreter gilt Charles Baudelaire (1821–1867), der mit seiner Lyrik, insbesondere *Les fleurs du mal* (*Die Blumen des Bösen*, 1857) große Ausstrahlung auch auf die deutschsprachige Literatur hatte.

Das ästhetische Programm des Fin de Siècle bzw. der Décadence zeichnet sich zunächst durch eine Abwendung von realistischen und bürgerlichen Tendenzen aus. Die Kritik richtet sich gegen die traditionellen poetologischen Konzepte, die bürgerliche Moral, die Industrialisierung und gegen den in Teilen des Bürgertums verbreiteten Zukunftsoptimismus. Im Zentrum des ästhetischen Programms der Décadence stehen Weltabgewandtheit und ein übersteigerter Lebensüberdruss. Die Literatur übernimmt dabei die Aufgabe, die Krisen und die Entfremdung des Menschen in einer Welt voller Ungewissheiten einzufangen und zu reflektieren. Untergangs- und Verfallsmotive haben daher in Werken der Décadence-Literatur Hochkonjunktur. Um 1905 überlagert der Expressionismus die Dekadenzdichtung und löst sie weitgehend ab.

Der Begriff »Décadence« ist dabei durchaus auch positiv besetzt: Den optimistischen Fortschrittsvorstellungen wird die **Schönheit** und Eleganz einer untergehenden Zeit entgegengesetzt, indem man sie etwa mit einem Sonnenuntergang – geradezu ein Topos der Décadence-Literatur – vergleicht. Man kann von einer Faszination für Tod und Untergang sprechen. Der Verfall wird dabei in erster Linie als ein **kultureller Niedergang** betrachtet und nicht als biologische Degeneration (wie sie bei Naturalisten in Anknüpfung an Darwin vorkommt).

Fin-de-Siècle- bzw. Décadence-Literatur ist vor allem inhaltlich bestimmt: Kennzeichen sind die Darstellung von **überfeinerten**, nervös-überreizten, erschöpften oder kränkelnden Figuren, von **morbider** Stimmung und Überdruss, von Halb- und Zwischentönen und gedeckten Farben, von Abstiegserfahrungen usw.

Merkmale der Fin-de-Siècle- und Décadence-Stimmung um 1900

Pessimistische Grundhaltung	*Optimistische Grundhaltung*
• Endzeitstimmung • Unsicherheit • Zukunftsangst • Lebensüberdruss • Erschöpfung • Weltschmerz • Weltabgewandtheit	• Schönheit des Untergangs • Leichtlebigkeit • Lebenslust • Faszination des Todes • Frivolität

Literarische Gattungen

Formen des Erzählens

Wenn auch die Lyrik die vorherrschende Gattung des Fin de Siècle ist, wird die erzählende Literatur intensiv gepflegt. Vertreten sind nahezu alle Formen der Epik. Bevorzugt werden der Roman und die Novelle, wobei mit den traditionellen Erzählweisen und -strukturen vielfach gebrochen wird.

Degeneration und Verfall sind vorherrschende Motive. Sie werden allerdings nicht auf eine individuelle Erfahrung reduziert, sondern auf die Gesellschaft übertragen. So schildert beispielsweise Thomas Mann (1875–1955) in seinem berühmten Roman *Buddenbrooks. Verfall einer Familie* (1901) den mehrere Generationen übergreifenden Niedergang einer Lübecker Kaufmannsfamilie. Die Auflösung (Verfall) der bürgerlichen Tugenden, welche die Grundlage des ökonomischen Erfolgs der Familie gebildet haben, und der Tod des letzten Nachfolgers im Kindesalter besiegeln den Degenerationsprozess, der zugleich ☑ den **Niedergang** des Bürgertums als solchen darstellt.

In seiner Novelle *Der Tod in Venedig* (1912) macht Thomas Mann die italienische Stadt zum Schauplatz des kulturellen Verfalls. Der Schriftsteller Gustav von Aschenbach, der von München nach Venedig aufbricht, erlebt die Unvereinbarkeit von Kunst und Bürgerlichkeit bzw. von Kunst und Leben: Im Hotel Lido begegnet ihm der 14-jährige polnische Junge Tadzio, dessen äußeres Erscheinungsbild vollkommen dem Schönheitsideal der griechischen Antike entspricht. Obwohl in Venedig die Cholera wütet, kann sich Aschenbach von dem Blick des Jungen nicht trennen. Seine preußischen Werte wie »Haltung«, »Würde« und »Leistung« verlieren zusehends an Bedeutung und gelten schließlich nichts mehr. Am Ende stirbt Aschenbach im Lido an Cholera.

Um die innere Verfassung der Protagonisten darzustellen, wird oft die **personale** Erzählsituation gewählt, neu hinzu kommt der **innere Monolog**, in dem die Gefühle und Eindrücke des Protagonisten wiedergegeben werden können, sowie der **Bewusstseinsstrom** – Formen der Figurenrede, die allerdings auch in anderen Strömungen wie dem Impressionismus oder der Wiener Moderne eine große Rolle spielen.

Merkmale der Fin-de-Siècle-Prosa

- Kurz- und Großformen (Roman und Novelle)
- Darstellung des Verfalls (Décadence)
- Bruch mit traditionellen Erzähltechniken
- Personale Erzählhaltung
- Innerer Monolog
- Bewusstseinsstrom

Besonderheiten lyrischen Sprechens

Lyrik wird in der Strömung des Fin de Siècle zur bevorzugten literarischen Gattung. Es werden freie Rhythmen verwendet, aber überwiegend **strenge Formen** wie etwa Terzinen. Auch teils komplexe Reimschemata werden genutzt. Vielen Gedichten liegt eine **melancholische** Stimmung zugrunde. Der Gedichtzyklus *Algabal* (1892) des Schriftstellers Stefan George (1868–1933) gilt als erstes großes Zeugnis der Décadence-Literatur in Deutschland.

Das Gedicht *Ballade des äußeren Lebens* von Hugo von Hofmannsthal (1874–1929) aus dem Jahr 1894 bringt in ausgeprägtem Formbewusstsein das Fin-de-Siècle-Gefühl exemplarisch zum Ausdruck:

Hugo von Hofmannsthal
Ballade des äußeren Lebens

Und Kinder wachsen auf mit tiefen Augen,
Die von nichts wissen, wachsen auf und sterben,
und alle Menschen gehen ihre Wege.

Und süße Früchte werden aus den herben
Und fallen nachts wie tote Vögel nieder
Und liegen wenig Tage und verderben.

Und immer weht der Wind, und immer wieder
Vernehmen wir und reden viele Worte
Und spüren Lust und Müdigkeit der Glieder.

Und Straßen laufen durch das Gras, und Orte
Sind da und dort, voll Fackeln, Bäumen, Teichen,
Und drohende, und totenhaft verdorrte …

Wozu sind diese aufgebaut? Und gleichen
Einander nie? Und sind unzählig viele?
Was wechselt Lachen, Weinen und Erbleichen?

Was frommt das alles uns und diese Spiele,
Die wir doch groß und ewig einsam sind
Und wandernd nimmer suchen irgend Ziele?

Was frommts, dergleichen viel gesehen haben?
Und dennoch sagt der viel, der ›Abend‹ sagt,
Ein Wort, daraus Tiefsinn und Trauer rinnt

Wie schwerer Honig aus den hohlen Waben.

Hugo von Hofmannsthal: Gedichte. Hrsg. von Mathias Mayer. Stuttgart 2000 [u. ö.]. S. 17.

Das Gedicht zeichnet sich aus durch einen eintönigen Sprechfluss, der den Eindruck erweckt, der Sinnlosigkeit des Daseins hilflos ausgeliefert zu sein. Vielfach nimmt das Gedicht Bezug auf das ›**Ende**‹, nämlich des Tages (»Abend«, V. 20), des Naturkreislaufs (Herbst: »Früchte [...] fallen [...] nieder [...] und verderben«, V. 4–6) und des Lebens (»sterben«, V. 2); thematisiert wird auch die nihilistische Haltung der Jahrhundertwende (»nimmer suchen irgend Ziele«, V. 18). Deutlich wird diese bereits im ersten Vers: Kinder mit »tiefen Augen« erscheinen schon bei der Geburt als tot und wachsen auf, um zu »sterben« (V. 2). Auch Früchte sind der Sinnlosigkeit ausgesetzt. Sie reifen nur, um »wie tote Vögel« (V. 5) niederzufallen und zu »verderben« (V. 6). Vor diesem Hintergrund scheint sich das Leben auf einen sinnlosen Wechsel von »Lust und Müdigkeit der Glieder« (V. 9) zu reduzieren. Fragwürdig bzw. sinnlos erscheint der Aufbau von Kultur und Zivilisation, da diese sich am Ende in »totenhaft verdorrte« Orte (V. 12.) verwandeln werden. Verschärft wird diese daseins- und kulturpessimistische Sicht dadurch, dass die im »äußeren« Leben gefangenen Menschen »von nichts wissen« (V. 2) und sich deshalb der Zwecklosigkeit ihres Tuns nicht bewusst sind. Zugleich werden das dargestellte Ende und die Sinnlosigkeit hochästhetisch, in gewisser Weise als ›schön‹, gekennzeichnet. Erkennbar ist das nicht nur an der strengen Form der Strophen aus je drei Versen mit einem komplizierten Reimschema, sogenannten Terzinen, sondern auch an der erzeugten Atmosphäre, die nicht Verzweiflung oder Widerstand transportiert, sondern gelassenes Einverständnis, ruhige Akzeptanz, ja Sinngebung: Wer das Wort »Abend« ausspreche, sage ein »Wort, daraus Tiefsinn und Trauer rinnt«, etwas Traurig-Schönes »[w]ie schwerer Honig aus den hohlen Waben« (V. 20–23) – so wie dieses Gedicht. Man spricht deswegen von **Ästhetizismus**: Kunst ist auf sich selbst bezogen und existiert um der Kunst willen.

Definition: Terzine

Strophe aus drei Versen mit einem einzeln stehenden Schlussvers. Jeder Vers hat fünf Hebungen (jambischer Fünfheber). Die Strophen sind mit einem festen Kreuzreimschema verbunden, die in jeder neuen Strophe im ersten und dritten Vers das Reimwort des zweiten Verses der Vorstrophe aufnehmen (Kettenreim). Die Terzine ist in der italienischen Lyrik verbreitet und durch Dantes *Göttliche Komödie* bekannt geworden.

Merkmale der Lyrik des Fin de Siècle

- Strenge Form
- Gebundene Rhythmen
- Komplizierte Reimschemata
- Melancholie
- Fin-de-Siècle-Stimmung / Endzeitstimmung
- Nihilismus
- Daseins- und Kulturpessimismus
- Ästhetizismus

Das Drama des Fin de Siècle

In der dramatischen Dichtung der Décadence wird der Einakter bevorzugt. Er eignet sich besser dazu, seelische Zustände abzubilden. Formal zeichnet sich das Drama des Fin de Siècle durch eine Aneinanderreihung von losen Szenen aus. Inhaltlich steht häufig die Kritik an den tradierten bürgerlichen Wertvorstellungen im Mittelpunkt der Handlung. So polemisiert Frank Wedekind (1864–1918) in seinem berühmten Drama *Frühlings Erwachen* (1891) gegen die erstarrte bürgerliche Moral, die nur noch zum Schein aufrechterhalten wird, um freie Sexualität zu verhindern.

Merkmale des Fin-de-Siècle-Dramas
• Einakter • Loser Szenenaufbau • Kritik der bürgerlichen Moral • Sexualität

Hauptthemen und Motive / Sprache und Stilmerkmale

Hauptthemen und Motive	Sprache und Stilmerkmale
• Niedergang • Untergangsmotive • Lebensüberdruss • Schönheitskult • Überfeinerung / Sensibilität • Sexualität • Krankheit • Todesverfallenheit • Fäulnis • Bürgertumskritik • Dekadenzbewusstsein	• Innerer Monolog • Bewusstseinsstrom • Collagestil • Metaphernreichtum • Formstrenge

Textbeispiel und Kurzkommentar

Hugo von Hofmannsthal, *Der Brief des Lord Chandos*:

> »Mein Fall ist, in Kürze, dieser: es ist mir völlig die Fähigkeit abhandengekommen, über irgendetwas zusammenhängend zu denken oder zu sprechen.
>
> Zuerst wurde es mir allmählich unmöglich, ein höheres oder allgemeineres Thema zu besprechen und dabei jene

Worte in den Mund zu nehmen, deren sich doch alle Menschen ohne Bedenken geläufig zu bedienen pflegen. Ich empfand ein unerklärliches Unbehagen, die Worte ›Geist‹, ›Seele‹ oder ›Körper‹ nur auszusprechen. Ich fand es innerlich unmöglich, über die Angelegenheiten des Hofes, die Vorkommnisse im Parlament oder was Sie sonst wollen, ein Urteil herauszubringen. Und dies nicht etwa aus Rücksichten irgendwelcher Art, denn Sie kennen meinen bis zur Leichtfertigkeit gehenden Freimut: sondern die abstrakten Worte, deren sich doch die Zunge naturgemäß bedienen muss, um irgendwelches Urteil an den Tag zu geben, zerfielen mir im Munde wie modrige Pilze. […] Es zerfiel mir alles in Teile, die Teile wieder in Teile, und nichts mehr ließ sich mit einem Begriff umspannen. […]«

Hugo von Hofmannsthal: Der Brief des Lord Chandos. Hrsg. von Fred Lönker. Stuttgart 2019. S. 12 f.

Hofmannsthals Text *Ein Brief* (auch: *Brief des Lord Chandos* genannt), der 1902 veröffentlicht wurde, ist ein Schlüsselwerk der Literatur um 1900. Der fiktive Verfasser, Lord Chandos, greift elementare Fragen der Jahrhundertwende auf, wobei die Krise der Sprache als Epochenphänomen eine prominente Stellung einnimmt. Dabei skizziert der Verfasser dem Adressaten die Erfahrung des Verlusts der im Allgemeinen als gesichert geltenden Annahme, dass Wörter (Sprache) die Dinge (Wirklichkeit) eindeutig bezeichnen und so die zwischenmenschliche Kommunikation ermöglichen. Lord Chandos dagegen stellt eine Diskrepanz zwischen Wirklichkeit und Wort, Bezeichnetem und Bezeichnendem, Sprache und Denken fest. Diese Diskrepanz raubt ihm die Sprache und macht ihn schließlich einsam. Die von Lord Chandos geschilderte Erfahrung ist Ausdruck der

Auflösung des als verbindlich geltenden Wertesystems um die Jahrhundertwende. Diese Problematik greift auch Rilke in seinem Gedicht *Ich fürchte mich so vor der Menschen Wort* (1899) auf und macht damit den Einfluss von Nietzsches Kulturpessimismus auf die Literatur der Décadence sichtbar.

Autoren und Werke (Auswahl)

- Rainer Maria **Rilke** (1875–1926): *Das Stundenbuch* (Gedichte, 1905)
- Frank **Wedekind** (1864–1918): *Frühlings Erwachen* (Drama, 1891)
- Thomas **Mann** (1875–1955): *Buddenbrooks. Verfall einer Familie* (Roman, 1901); *Der Tod in Venedig* (Novelle, 1912)
- Heinrich **Mann** (1871–1950): *Professor Unrat* (Roman, 1905); *Der Untertan* (Roman, 1918)
- Robert **Musil** (1880–1942): *Der Mann ohne Eigenschaften* (Roman, 1930–1943)
- Hermann **Hesse** (1877–1962): *Unterm Rad* (Roman, 1906)

Leitfragen zum Fin de Siècle

1. In welchem Zusammenhang stehen Fin de Siècle und Décadence?
3. Welchen Einfluss haben Schopenhauer und Nietzsche auf die Fin-de-Siècle-Literatur?
3. Welche Besonderheiten weist die Lyrik des Fin de Siècle auf?
4. Inwiefern ist Hofmannsthals Gedicht *Ballade des äußeren Lebens* keine Ballade?

4 Impressionismus (1890–1920)

Checkliste

- [x] Sinneseindrücke
- [x] Industrialisierung
- [x] Wahrnehmungswandel
- [x] Momentaufnahme
- [x] das Flüchtige
- [x] Kurzformen (Novelle)
- [x] Ich-Perspektive
- [x] Innerer Monolog
- [x] dissoziierte Wahrnehmung
- [x] Ellipsen
- [x] freie Rhythmen
- [x] Synästhesie
- [x] Neologismen
- [x] Dinggedicht
- [x] Metapher

Begriffsbestimmung und zeitgeschichtlicher Kontext

Der Begriff »Impressionismus« (lat. *impressio* ›Eindruck‹) bezeichnet zunächst eine neue Kunstrichtung der bildenden Kunst, die um 1870 in Frankreich in Erscheinung tritt. Benannt ist sie nach dem Gemälde *Impression, soleil levant* (dt. ›Eindruck, aufgehende Sonne‹) von Claude Monet (1840–1926). Seit der Kunstausstellung 1874 in Paris etabliert sich der Begriff Impressionismus für eine neue Malweise. Ihre Besonderheit liegt darin, dass aus flüchtigen **Sinneseindrücken** Gesamtbilder kreiert werden. Der momentane Eindruck sollte festgehalten werden, nicht die detailgetreue, ›objektive‹ Realität. Dies soll eine bestimmte Stimmung oder ein Gefühl beim Betrachter hervorrufen. Der Impressionismus hat neben der Malerei vor allem die Musik, die Fotografie und die Literatur beeinflusst. Das Ende des Impressionismus in der Malerei wird üblicherweise mit der 8. Gruppenausstellung der Impressionisten im Jahr 1886 angesetzt.

Paris gilt als Ausgangspunkt und Zentrum dieser Strömung. Der Schriftsteller Walter Benjamin (1892–1940) bezeichnet Paris als Hauptstadt des 19. Jahrhunderts. Tatsächlich gehen von hier wichtige Impulse und neue Entwicklungen aus, welche die Kunst und die Literatur der Moderne maßgeblich geprägt haben.

Wie die meisten Strömungen der übergeordneten Epoche der Moderne fällt die Kunstströmung des Impressionismus in eine Zeit, die durch das Phänomen der **Industrialisierung** geprägt ist. Im großstädtischen Kontext der Jahrhundertwende sind Menschen einem **Wahrnehmungswandel** ausgesetzt. Eine Unmenge an optischen Attraktionen wie z. B. Straßenbeleuchtung, Schaufenster, Reklame etc. prägt den Alltag. Schlag-

Abb. 5: Claude Monet, *Impression, soleil levant* (1872)

worte wie »Nervosität«, »Sensation«, »Empfindung«, »Reiz« usw. gewinnen an Popularität. Die Menschen empfinden die Welt zugleich als dynamisch und krisenhaft. Kulturgeschichtlich ist der Impressionismus so auch eine Reaktion auf die Alltagshektik und die Schnelllebigkeit, die Flüchtigkeit der modernen Großstadt.

Leitgedanken

Der Impressionismus positioniert sich als eine antinaturalistische Strömung. Er richtet sich gegen den Rationalismus und den Materialismus. Großen Einfluss auf den deutschen Impressionismus übt der österreichische Physiker und Philosoph

Ernst Mach (1838–1916) aus. In seinem Werk *Die Analyse der Empfindungen und das Verhältnis des Physischen zum Psychischen* (1886) stellt er die ordnende Funktion des Denkens, das rationale Ich, bei der Verarbeitung von Eindrücken in Frage.

> »Farben, Töne, Wärmen, Drücke, Räume, Zeiten u.s.w. sind in mannigfaltiger Weise miteinander verknüpft, und an dieselben sind Stimmungen, Gefühle und Willen gebunden. [...] Das Ich ist unrettbar. [...] Man wird dann auf das Ich, welches schon während des individuellen Lebens vielfach variiert, ja im Schlaf und bei Versunkenheit in eine Anschauung, in einen Gedanken [...] teilweise oder ganz fehlen [sich irren] kann, nicht mehr den hohen Wert legen.«
>
> Ebd. S. 2, 20.

Mach begreift die Realität der Welt nicht als eine konstante Wirklichkeit, sondern vielmehr als eine Reihe von Empfindungen und Sinneseindrücken. Das Geordnete und Fertige ist demnach eine Täuschung. Menschen sind nicht, sie werden. Und in diesem Werden verändern sie sich dauernd. Das erklärt, warum die flüchtige Stimmung einen so zentralen Aspekt der impressionistischen Kunst bildet.

Auch die Vertreter des Impressionismus lehnen das begriffliche Denken ab. Ihnen zufolge verliere der Mensch durch Abstrakta die Fähigkeit, Einzelerscheinungen als solche wahrzunehmen. Man strebt, vor allem in der bildenden Kunst, ein voraussetzungsloses Sehen und Wahrnehmen an. Der Impressionismus betont das **Flüchtige**, das Momentane in seiner Einmaligkeit und Einzigartigkeit. Es geht um das Einfangen des Augenblicks.

Das Programm des Impressionismus

Der literarische Impressionismus setzt ein, als der Impressionismus in der Kunst bereits abklingt. Er kann auf die Zeit 1890 und 1920 datiert werden. Mit dem Impressionismus vollzieht sich eine ästhetische Wende, die sich auf eine andere Weise als das Fin de Siècle durch eine Abkehr vom naturalistischen Literaturverständnis auszeichnet. Statt der objektiven, wissenschaftlichen Realität rücken die Impressionisten die Flüchtigkeit des Augenblicks und die Wahrnehmung der Einzelerscheinungen in den Mittelpunkt ihrer Reflexion und ihres literarischen Schaffens. An die Stelle der naturwissenschaftlichen Exaktheit tritt die subjektive Wahrnehmung von **Momentaufnahmen** und Augenblickseindrücken. Statt der genauen Wiedergabe der gesellschaftlichen Realität und damit verbundener Sozialkritik geht es vielmehr um subjektive Eindrücke, Gefühle, Augenblicke und ihre individuelle Darstellung. Im Fokus stehen daher häufig Sinneseindrücke wie Hören, Schmecken, Sehen und Riechen. Beschrieben bzw. dargestellt werden ebenfalls Farb- und Lichteffekte und ihr Einfluss auf das emotionale Leben des Menschen. Der Impressionismus will abstraktes Wissen durch die unmittelbaren sensorischen Erlebnisse ersetzen.

An die Stelle der Wissenschaft (wie im Naturalismus) tritt die bildende Kunst als Vorbild für den impressionistischen Schriftsteller. Doch während Augenblicke in der bildenden Kunst durch Farbnuancen abgebildet und veranschaulicht werden, reiht der impressionistische Schriftsteller Gefühle, Eindrücke und Gedanken aneinander. Der Impressionismus versucht, das begriffliche Denken im Prozess der Wahrnehmung auszuschalten. Die Literatur des Impressionismus ist daher eine Literatur der Momentaufnahmen und Eindrücke. Sie greift auf die unmittelbare Wahrnehmung zurück, bevor diese ins abstrakte Denken übergeht. Die Literatur des Impressionismus stellt in gewisser Hinsicht eine Flucht aus der grauen Alltagsrealität der Industrialisierung am Ende des 19. Jahrhunderts dar. Das Übergewicht des Sinnlichen ist dabei ein zentrales Merkmal.

Allerdings gibt es Affinitäten zwischen dem Impressionismus und dem Naturalismus. Auch Vertreter des Impressionismus nehmen Bezug auf den technischen Wandel ihrer Zeit. Doch während der Naturalismus eine möglichst objektive Darstellung der sozialen Folgen des gesellschaftlichen Wandels fokussiert, liegt das zentrale Anliegen des Impressionismus darin, die durch die Technik veränderte menschliche Wahrnehmung der Umwelt auch literarisch zum Ausdruck zu bringen.

Die impressionistische Ästhetik ist in der Dichtung nur selten in reiner Form umgesetzt worden. Eine Loslösung des Menschen von der sprachlich vorstrukturierten Vorstellung der Wirklichkeit ist letztlich nicht möglich, ebenso wenig ihre unvoreingenommene Betrachtung.

Literarische Formen

Formen des Erzählens

Kurzformen wie die Novelle, der Aphorismus oder die Prosaskizze werden im Impressionismus bevorzugt. Im Gegensatz zu Großformen wie dem Roman lässt sich in epischen Kleinformen die Darstellung einer auf den Augenblick konzentrierten Situation einfacher erreichen. Impressionistische Erzähler wenden sich deshalb von der epischen Breite ab.

In der impressionistischen Erzählkunst tritt die äußere Handlung in den Hintergrund. Bevorzugt wird dagegen die subjektive Wiedergabe von Eindrücken, Empfindungen und Stimmungen der Charaktere. Wichtig sind die persönlichen Wahrnehmungen der Figuren. Häufig wird aus der **Ich-Perspektive** erzählt. Bei der Darstellung einer Handlung kommt es deswegen weniger auf das *was*, sondern vielmehr auf das *wie* an. Der Fokus liegt auf der inneren Welt der Figuren. Deshalb werden **innere Monologe** häufig in der erzählenden Literatur des Impressionismus eingesetzt.

Definition: Innerer Monolog

Stummes Selbstgespräch einer literarischen Figur. Der eigentlich unausgesprochene Bewusstseinsstand der Figur wird meist als Gedankenstrom (*stream of consciousness*) in Monologform in der 1. Person Präsens Indikativ wiedergegeben. Mit dem inneren Monolog werden die Innensichten einer Figur dargestellt. Häufige Stilmittel sind Ellipsen, Interjektionen, Gedankenassoziationen usw.

Als repräsentatives Prosawerk des Impressionismus gilt der Roman *Die Aufzeichnungen des Malte Laurids Brigge* von Rainer Maria Rilke (1875–1926) aus dem Jahr 1910: Am Beispiel des 28-jährigen Dänen gleichen Namens, der nach seiner Ankunft in Paris eine Lebens- und Sinnkrise erlebt, wird die physische und psychische Gefährdung des Menschen in der Großstadt geschildert. Behandelt wird aber nicht nur das Leben in der Großstadt, sondern auch die Krise des modernen Individuums. Dies spiegelt sich bereits in der formalen Komposition des Textes. Der Roman setzt sich aus 71 Aufzeichnungen zusammen, die sich verschiedenen literarischen Gattungen zuordnen lassen: Tagebucheinträge, Briefentwürfe, Prosagedichte, Parabeln und novellenartige Erzählungen.

Auch in der erzähltechnischen Komposition des Romans werden wesentliche Merkmale des modernen Erzählens sichtbar. So entfaltet sich keine kontinuierliche, chronologische

Handlung, und es gibt keinen Erzähler im klassischen Sinne mehr. Der Ich-Erzähler Malte stellt in seiner Existenzkrise vielmehr die Erzählbarkeit von Welt und Leben in Frage (**dissoziierte** – von der Welt ›abgetrennte‹ – Wahrnehmung).

»Ich lerne sehen. Ich weiß nicht, woran es liegt, es geht alles tiefer in mich ein und bleibt nicht an der Stelle stehen, wo es sonst immer zu Ende war. Ich habe ein Inneres, von dem ich nicht wußte. Alles geht jetzt dorthin. Ich weiß nicht, was dort geschieht.«

Rainer Maria Rilke: Die Aufzeichnungen des Malte Laurids Brigge. Hrsg. und komm. von Manfred Engel. Stuttgart: Reclam, 2014 [u. ö.]. S. 8.

Äußerste Verdichtung und **elliptische** Verknappung sind auffällige Darstellungsprinzipien in der impressionistischen Prosa. Die Nervosität als Folge der Reizüberflutung gehört zu den bevorzugten Themen. Diese Merkmale treten zum ersten Mal in der deutschsprachigen erzählenden Dichtung auf und spiegeln daher wesentliche Eigenschaften der literarischen Moderne wider.

Merkmale der impressionistischen Prosa

- Kurzprosa (Kurzgeschichten und Novellen)
- Flüchtige Sinneseindrücke
- Großstadt
- Innerer Monolog
- Ellipsen
- Ich-Perspektive

Formen lyrischen Sprechens

Wie die epischen Kleinformen gehört die Lyrik zu den bevorzugten Gattungen der impressionistischen Literatur. Neben Detlev von Liliencron (1844–1909) und Maximilian Dauthendey (1867–1918) gelten Arno Holz (1863–1929) und der junge Rainer Maria Rilke (1875–1926) als bedeutende Vertreter der impressionistischen Lyrik. Holz fordert, dass die kleinsten Nuancen der Sinneswahrnehmung in die dichterische Sprache übertragen werden sollen. Zu diesem Zweck schlägt er das Schreiben in **freien Rhythmen** vor. Damit soll erreicht werden, dass Lyrik den Rhythmus des Lebens widerspiegelt. ☑

Ähnlich der Malerei geht es in der impressionistischen Lyrik nicht um eine reine Beschreibung der äußeren Wirklichkeit. Stattdessen bemühen sich die impressionistischen Dichter um eine sprachlich nuancierte Darstellung der inneren Welt, der Gefühle und der Stimmungen. Grundsätzlich wird impressionistisches Sprechen entweder durch sprachliche Strukturen zum Ausdruck gebracht, oder es wird durch dichterische Bilder, d. h. in der Rezeption durch den Leser realisiert. Zu diesem Zweck greifen die Impressionisten auf ein besonderes stilistisches Darstellungsmittel zurück: die **Synästhesie**. ☑

Definition: Synästhesie

griech. *synaisthesis* ›gleichzeitige Wahrnehmung‹, Vermischung oder Verschmelzung verschiedener Sinnesbereiche (Geschmack, Geruch, Sehen und Hören), z. B.: »Golden wehn die Töne nieder« (Clemens Brentano). Synästhesie steht daher für eine besondere Form der Wahrnehmung, wie sie bereits in der Romantik, aber auch im Impressionismus angestrebt wird.

Die Sprache der impressionistischen Lyrik ist verfeinert. Um die subjektiven Eindrücke möglichst genau wiederzugeben und deren Wirkung zu steigern, verwenden die Dichter verschiedene Stilmittel. Häufig werden neben der Synästhesie weitere Stilmittel wie **Neologismen** (Neuwortschöpfung) und Onomatopoesie (Lautmalerei) verwendet. Populär ist vor allem das **Dinggedicht**.

Definition: Dinggedicht

Gedichttypus ab der 2. Hälfte des 19. Jahrhunderts. Im Mittelpunkt eines Dinggedichts stehen leblose oder lebendige Gegenstände, Landschaften, Kunstobjekte, Tiere, Bilder oder Situationen. Bei ihrer Beschreibung tritt das lyrische Ich in den Hintergrund. An dessen Stelle steht eine episch-objektive Beschreibung, die darauf abzielt, das Wesen der »Dinge« zu erfassen. Das dargestellte »Ding« scheint über sich selbst zu sprechen. Berühmte Dinggedichte in der Literatur der Moderne stammen von Rainer Maria Rilke (1875–1926): *Der Panther* (1903); *Das Karussell* (1907); *Die Flamingos* (1908).

Rainer Maria Rilke
Die Flamingos

Jardin des Plantes, Paris

In Spiegelbildern wie von Fragonard
ist doch von ihrem Weiß und ihrer Röte
nicht mehr gegeben, als dir einer böte,
wenn er von seiner Freundin sagt: sie war

noch sanft von Schlaf. Denn steigen sie ins Grüne
und stehn, auf rosa Stielen leicht gedreht,
beisammen, blühend, wie in einem Beet,
verführen sie verführender als Phryne

sich selber; bis sie ihres Auges Bleiche
hinhalsend bergen in der eignen Weiche,
in welcher Schwarz und Fruchtrot sich versteckt.

Auf einmal kreischt ein Neid durch die Volière;
sie aber haben sich erstaunt gestreckt
und schreiten einzeln ins Imaginäre.

Rainer Maria Rilke: Gedichte. Ausw. und Nachw. von Dietrich Bode. Erg. und aktual. Ausg. Stuttgart: Reclam, 2012 [u. ö.]. S. 160.

Für dieses im Herbst 1907 oder auch erst im Frühjahr 1908 verfasste Gedicht bieten sich zwei Lesarten. Man kann das Gedicht, wie der Titel bereits suggeriert, als eine Beschreibung von Flamingos in einem botanischen Garten in Paris lesen. In diesem Fall vermittelt das erste Quartett folgendes Bild: Die Flamingos stehen an einem Teich, der deren Spiegelbilder reflektiert. Im zweiten Quartett stehen die Flamingos auf einer Wiese, nachdem sie das Wasser verlassen haben. Anhand der Beschreibung wird deutlich, dass der lyrische Sprecher die Flamingos und ihre Gewohnheiten genau beobachtet. So enthält das erste Terzett bereits Details über das Aussehen und die Haltung der Flamingos, so dass es durchaus möglich ist, dass es hier tatsächlich um die Flamingos als solche geht, die zum Schluss die beobachtete Szenerie verlassen.

Allerdings fällt auf, dass eine fotografisch genaue Wiedergabe der Beobachtung des Sprechers nicht Ziel der Schilderung ist. Vielmehr bedient sich der Dichter verschiedener Paraphrasierungen, wodurch die Flamingos aus ihrem alltäglichen Bedeutungsfeld herausgelöst und in ihrem Wesen begreifbar gemacht werden. Diese Annährung an den lyrischen Gegenstand ist typisch für die impressionistische Literatur.

Weitere impressionistische Merkmale des Gedichts zeigen sich hinsichtlich der isolierten Farbenreferenz in V. 2 (»von ihrem Weiß und ihrer Röte«), V. 9 (»ihres Auges Bleiche«) und V. 11 (»Schwarz und Fruchtrot«). Allerdings geht es im Gedicht nicht ausschließlich um die Wiedergabe eines Sinneseindrucks, sondern auch um eine Form des Nachdenkens über die menschliche Wahrnehmung überhaupt. Das zeigt sich bereits im ersten Vers. Hier wird statt auf die Flamingos selbst vielmehr auf deren Spiegelbilder verwiesen, die sich im Wasser abzeichnen.

Merkmale der impressionistischen Lyrik

- Augenblicksdarstellung
- Persönliche Eindrücke / Momentaufnahme
- Lyrisches Ich
- Synästhesie
- Metaphern
- Dinggedicht

Das impressionistische Drama

Das impressionistische Drama kennt vor allem den Einakter. Diese Dramenform zeichnet sich dadurch aus, dass sie besonders kurz ist. Sie kommt daher den Darstellungszielen des Impressionismus besonders entgegen. Das Kurzdrama wird auch als Dramolett bezeichnet. Gepflegt werden auch Mischformen wie die Tragikomödie und das lyrische Drama.

Zu den bekannten Kurzdramen des Impressionismus zählen u. a. die lyrischen Dramenfragmente *Tod des Tizian* (1892); *Der Tor und der Tod* (1894) von Hugo von Hofmannsthal (1874–

1929) sowie der Einakter-Zyklus *Anatol* (1892) von Arthur Schnitzler (1862–1931). Das 1900 erschienene Episodendrama *Reigen* von Arthur Schnitzler (1862–1931) bildet den Höhepunkt der impressionistischen Dramatik.

Wie bereits in seinen Stücken *Anatol* (1892) und *Liebelei* (1894) führt Schnitzler auch in diesem Drama dem Leser oder Zuschauer das Geschlechtsverhalten seiner Zeitgenossen vor Augen: In zehn Dialogen zeigt das Drama zehn Paare vor und nach dem Geschlechtsakt (dieser wird im Text allerdings stets nur durch Gedankenstriche angedeutet). Tatsächlich werden nur zehn Personen vorgeführt. Von den zwei Figuren einer Szene erscheint jeweils eine in der folgenden mit einem anderen Partner (Dirne und Soldat, Soldat und Stubenmädchen, Stubenmädchen und junger Herr, junger Herr und junge Frau, junge Frau und Ehegatte, Ehegatte und süßes Mädel, süßes Mädel und Dichter, Dichter und Schauspielerin, Schauspielerin und Graf, Graf und Dirne).

Auf diese Weise bildet das Drama alle Gesellschaftsschichten ab und stellt sie über die Sexualität gleich. Schonungslos legt das Drama damit die zeitgenössische bürgerliche Moral bloß. Denn im Reigen der Begegnung zwischen den Geschlechtern zeigt sich der Einfluss und die Wirkung des Unbewussten.

Merkmale des impressionistischen Dramas

- Einakter
- Mischformen: Lyrisches Drama / Tragikomödie
- Kritik der bürgerlichen Moral

Hauptthemen und Motive / Sprache und Stilmerkmale

Hauptthemen und Motive	Sprache und Stilmerkmale
• Liebe/Eros • Naturempfindung • Sinnsuche • Emotionaler Schmerz • Tod • Großstadt • Kunst • Leben	• Parataxe • Ellipsen • Erlebte Rede • Nominalstil • Asyndetische Aneinanderreihung • Ausrufe • Onomatopoesie • Freie Rhythmen • Sekundenstil • Innerer Monolog

Textbeispiel und Kurzkommentar

»Dass ich es nicht lassen kann, bei offenem Fenster zu schlafen. Elektrische Bahnen rasen läutend durch meine Stube. Automobile gehen über mich hin. Eine Tür fällt zu. Irgendwo klirrt eine Scheibe herunter, ich höre ihre großen Scherben lachen, die kleinen Splitter kichern. Dann plötzlich dumpfer, eingeschlossener Lärm von der anderen Seite, innen im Hause. Jemand steigt die Treppe. Kommt, kommt unaufhörlich. Ist da, ist lange da, geht vorbei. Und wieder die Straße. Ein Mädchen kreischt: Ah tais-toi, je ne veux plus. Die Elektrische rennt ganz erregt heran, darüber fort, fort über alles. Jemand ruft. Leute laufen, überholen sich. Ein Hund bellt. Was für eine Erleichterung: ein Hund. Gegen Morgen kräht sogar ein Hahn, und das ist Wohltun ohne Grenzen. Dann schlafe ich plötzlich ein.

Das sind die Geräusche. Aber es gibt hier etwas, was furchtbarer ist: die Stille. Ich glaube, bei großen Bränden tritt manchmal so ein Augenblick äußerster Spannung ein, die Wasserstrahlen fallen ab, die Feuerwehrleute klettern nicht mehr, niemand rührt sich. Lautlos schiebt sich ein schwarzes Gesimse vor oben, und eine hohe Mauer, hinter welcher das Feuer auffährt, neigt sich, lautlos. Alles steht und wartet mit hochgeschobenen Schultern, die Gesichter über die Augen zusammengezogen, auf den schrecklichen Schlag. So ist hier Stille.

Ich lerne sehen. Ich weiß nicht, woran es liegt, es geht alles tiefer in mich ein und bleibt nicht an der Stelle stehen, wo es sonst immer zu Ende war. Ich habe ein Inneres, von dem ich nicht wußte.«

Rainer Maria Rilke: Die Aufzeichnungen des Malte Laurids Brigge. Hrsg. und komm. von Manfred Engel. Stuttgart: Reclam, 2014 [u. ö.]. S. 7 f.

Dieser Textausschnitt ist der Beginn des Romans *Die Aufzeichnungen des Malte Laurids Brigge* von Rainer Maria Rilke (1875–1926) aus dem Jahr 1910. Auffällig an diesem Auszug ist zunächst das Vorherrschen des sinnlichen Eindrucks und dessen unmittelbare Wiedergabe. Der Erzähler nimmt die Stadt nicht mehr als Ganzes wahr, sondern nur noch bruchstückhaft. Intensiviert wird diese dissoziierte Wahrnehmung der Wirklichkeit durch ein Gewirr von Geräuschen und das Menschengewimmel. Alles wirkt anonym (»Jemand ruft. Leute laufen, überholen sich«) und zugleich bedrohlich (»[…] es gibt hier etwas, was furchtbarer ist: die Stille«).

Durch die verschiedenen Sinneseindrücke kann Malte das Leben in der Stadt in einer umfassenden Intensität wahrnehmen. Die Erfahrungen, die er hier beschreibt, sind typisch für das Leben in der Großstadt um die Jahrhundertwende: Lärm, Chaos und Ruhelosigkeit.

Die Modernität von Rilkes Erzählweise beruht einerseits auf der Darstellung der Anforderungen an den Menschen in einer neuen Erfahrungswelt und andererseits auf der Betonung des Eigenwerts der sinnlichen Wahrnehmung. Das Herkömmliche wird durch Rilke konsequent aufgehoben.

Autoren und Werke (Auswahl)

- Detlev **von Liliencron** (1844–1909): *Arbeit adelt* (Drama, 1887)
- Hermann **Bahr** (1863–1934): *Die Überwindung des Naturalismus* (Poetologie, 1891)
- Richard **Dehmel** (1863–1920): *Der Mitmensch* (Drama, 1896)
- Max **Dauthendey** (1867–1918): *Die geflügelte Erde* (Lyrik, 1910)
- Rainer Maria **Rilke** (1875–1926): *Die Aufzeichnungen des Malte Laurids Brigge* (Roman, 1910)
- Arthur **Schnitzler** (1862–1931): *Lieutenant Gustl* (Novelle, 1901)
- Eduard **von Keyserling** (1855–1918): *Fräulein Rosa Herz* (Roman, 1887)
- Stefan **Zweig** (1881–1942): *Verwirrung der Gefühle* (drei Novellen, 1927)

Leitfragen zum Impressionismus

1. Wie unterscheidet sich der Impressionismus vom Naturalismus?
2. Auf welcher geistigen Grundlage basiert die Literatur des Impressionismus?
3. Warum greifen impressionistische Dichter häufig auf die Stilfigur der Synästhesie zurück?
4. Worin liegen die Gemeinsamkeiten und Unterschiede zwischen der impressionistischen Malerei und der impressionistischen Literatur?

5 Symbolismus/Ästhetizismus (1890–1920)

Checkliste

- ☑ Wirklichkeit
- ☑ Symbolbegriff
- ☑ L'art pour l'art
- ☑ Wahrheitsbegriff
- ☑ antimimetisch
- ☑ Bilder
- ☑ Ästhetizismus
- ☑ Prosa nicht relevant
- ☑ »edle« Sprache
- ☑ Dinggedicht
- ☑ Chiffren
- ☑ Allegorie

Zeitgeschichtlicher Kontext und Begriffsbestimmung

Der Symbolismus ist sowohl eine kunstgeschichtliche als auch eine literaturgeschichtliche Unterströmung der Moderne. In Deutschland umfasst der Symbolismus den Zeitraum 1890 bis 1920. Seinen Ursprung hat der Symbolismus in Frankreich Ende des 19. Jahrhunderts. Wegbereiter des deutschen Symbolismus ist Stefan George (1868–1933).

Der literarische Symbolismus kann als eine Fortentwicklung des Impressionismus betrachtet werden. Es gibt vielfache Überschneidungen und Berührungen, sowohl in den literarischen Texten als auch bei den Autorinnen und Autoren. Die Symbolisten verabschieden sich ganz von der Absicht, die **Wirklichkeit** abbilden zu wollen – und sei es nur als subjektiv-momenthaften Eindruck wie der Impressionismus – und zielen auf eine ›andere‹, symbolische Welt ab, die im Gegensatz zur realen Welt steht: Traumwelten, mystische und religiöse Erfahrungen, Gefühle, Magisches.

Sprachlich können diese Themen nur in Gestalt von Symbolen realisiert werden. Der Symbolismus unterscheidet sich dabei von der alltäglichen Symbolverwendung, in der das **Symbol** eine Verweisfunktion hat, z. B. dass die Taube nicht für den Vogel steht, sondern den Frieden meint. Die Symbolverwendung im Kontext der Literatur der Moderne löst sich ganz von der Wirklichkeitsebene und schafft eine von der Realität der Industriegesellschaft, in der sie entsteht, ganz losgelöste eigene Kunstwelt: *L'art pour l'art*, **»Kunst um der Kunst willen«**.

Abb. 6: Odilon Redon, *Der Zyklop* (um 1914)

Definition: Symbol

»(griech. *symbolon* ›Wahrzeichen, Merkmal‹): Zeichen, das etwas nicht unmittelbar Wahrnehmbares veranschaulicht und eine tiefere Bedeutung besitzt. Wichtige Ausprägungsform der sprachlichen Bildlichkeit neben der Allegorie und der Metapher.«

Yomb May: Literarische Grundbegriffe. (Kompaktwissen XL. 15243.) Stuttgart 2021. S. 160.

Leitgedanken

☑ Das Weltbild des Symbolismus basiert auf dem Grundgedanken, dass sich hinter der physischen Welt eine tiefere (spirituelle, eigentliche) ›**Wahrheit**‹ verbirgt, die es mit Hilfe der Kunst zu enthüllen gilt. Vertreter des Symbolismus halten die natürliche Welt für hässlich und formlos. Erst mit Hilfe der Kunst wird sie in eine Form gebracht, die für den Menschen lebenswürdig ist. Der Symbolismus versucht, einen Ausweg aus dem durch die Industrialisierung geprägten Alltag der Menschen am Ende des 19. Jahrhunderts zu finden.

Das Programm des Symbolismus

☑ Wie der Impressionismus lehnt der Symbolismus den Naturalismus und damit die Darstellung des Alltags, wie er vorzufinden ist, konsequent ab. Er versteht sich als **antimimetisch**, d. h. die Wirklichkeit sollte in der Dichtung nicht mehr nachgeahmt werden. Die Wirklichkeit ist nicht das Ziel, sondern höchstens Mittel der Dichtung.

In Werken des Symbolismus werden alltägliche Gegenstände zu Symbolen. Sie erhalten dadurch eine neue und tiefere Bedeutung. Vertreter des Symbolismus glauben an die Fähigkeit des Künstlers, mit Hilfe des Kunstwerks die Wahrheit aufzudecken. Hierbei verdrängen die Bilder oft den gedanklichen Gehalt. Auch die subjektiven Schilderungen schließt das symbolistische Kunstverständnis aus. Durch die Ablehnung der Subjektivität bzw. persönlicher Empfindungen grenzt sich der Symbolismus vom Impressionismus ab. Die Wahrheit ist nicht begrifflich wiederzugeben, sondern in **Bildern**, Allegorien und Symbolen. Das bedeutet, dass in der Literatur des Symbolismus keine deskriptive, sondern vielmehr eine symbolisch geformte und damit tiefere Realität dargestellt wird. ☑

Grundlegend für die Literatur des Symbolismus ist der Glaube an den Absolutheitsanspruch des Kunstwerks. Man nennt diese Auffassung der Kunst **Ästhetizismus.** ☑

Definition: Ästhetizismus

Kunst- und literaturtheoretische Auffassung, die sich gegen die Instrumentalisierung der Kunst richtet. Abgelehnt wird die naturalistische Wiedergabe der Wirklichkeit samt der Hässlichkeitsdarstellung und sozialkritischen Intentionen. Hervorgehoben werden stattdessen die Schönheit und ästhetische Wahrnehmung in der Literatur. Kunst ist keinem anderen Ziel verpflichtet als sich selbst, der sich selbst genügenden Schönheit. Wichtiges Merkmal ist eine **»edle« Sprache** und die besondere Beachtung des Wortes an sich (Klang, Rhythmus, Assoziationsfelder). ☑

Die Vertreter des Ästhetizismus sind davon überzeugt, dass der Zweck der Kunst in der Kunst selbst liegt. Das Credo, das dem Literaturverständnis des Symbolismus zugrunde liegt, lautet daher, wie bereits oben erwähnt: *L'art pour l'art*, »Kunst um der Kunst willen«. Damit ist gemeint, dass Kunst nur sich selbst verpflichtet ist und keiner anderen gesellschaftlichen Funktion dient. Betont wird damit der Eigenwert der reinen

Wortkunst. Das Ziel der Kunst liegt in der Ästhetik selbst, der Schönheit als solcher.

Definition: L'art pour l'art

Im Kontext des Ästhetizismus erhobene Forderung, eine Kunst zu schaffen, die zweckfrei und nur sich selbst verpflichtet ist: Kunst um der Kunst willen. Kunst soll nicht belehren, sich nicht engagieren, nicht im Blick auf Rezipienten (Verkäuflichkeit) gestaltet werden – dann könne sie nicht als Kunst gelten. Stattdessen steht die künstlerische Gestaltung als solche im Mittelpunkt.

Die Dichter des Symbolismus widmen sich daher nicht den realen Zuständen der Gesellschaft. Sie betrachten Literatur nicht als Mittel für die Gesellschaftskritik, sondern als reine Poesie. Diese Auffassung der Literatur kann als Flucht aus der Realität betrachtet werden. Der Symbolismus ist somit eine besonders radikale Gegenbewegung zum Naturalismus.

Literarische Gattungen

Formen des Erzählens

Im Symbolismus spielt die erzählende Literatur eine marginale Rolle. Dennoch hat diese Strömung einige Erzählungen und Romane hervorgebracht, die sich zum einen durch die gezielte Verwendung einer symbolischen Sprache und zum anderen durch die Hinwendung zu Themen wie Mystik und Innerlichkeit auszeichnen. Zudem hat die Epik des Symbolismus einen ausgeprägten suggestiven Charakter und weist einen starken Gebrauch der Symbolik auf. Beispielhaft dafür ist der »Roman in Romanzen« – so der Untertitel – *Zwei Menschen* von Richard

Dehmel (1863–1920) aus dem Jahr 1903. Darin wird die Liebe als ein ästhetisiertes Spannungsverhältnis zwischen Mann und Frau inszeniert. Das Epos ist bezeichnenderweise in Versform, nicht in Prosa verfasst.

Merkmale symbolistischen Erzählens

- nur wenige Erzählungen und Romane
- Versform auch in der Epik
- Hinwendung zur Innerlichkeit und Mystik
- symbolische Sprache
- Suggestivität

Besonderheiten lyrischen Sprechens

Lyrik ist die bevorzugte Gattung des Symbolismus. Die deutschen Vertreter dieser Strömung orientieren sich besonders an den französischen Vorbildern Charles Baudelaire (1821–1867), Stéphane Mallarmé (1842–1898) und Arthur Rimbaud (1854–1891). Ihre Werke haben die Lyrik der Moderne entscheidend geprägt.

Symbolistische Gedichte beziehen sich weniger auf die Außenwelt als vielmehr auf das Wesen der Dinge. Eine starke Bildsprache und eine intensive Verwendung rhetorischer Mittel sind wichtige Kennzeichen der symbolistischen Lyrik. Das Symbol bleibt das zentrale Stilmittel. Manche Gedichte des Symbolismus sind hoch chiffriert und daher nicht leicht zu entschlüsseln. In diesem Fall wirken symbolistische Gedichte mystisch oder geheimnisvoll.

Die symbolistische Lyrik wendet sich Themen wie dem Tod, dem Verfall, der Erotik, der Mystik und dem Unbewussten zu. Lyrik wird teils von traditionellen Formen befreit, ist aber in hohem Maße formbewusst, verwendet also etwa Reim und

Metrum zur Erzeugung von Musikalität. Sprachliche Experimente drücken sich in Form von Neologismen, Onomatopoesie und Synästhesie aus. Häufig verwendet werden auch Allegorien, Vergleiche und Metaphern. Zu den zentralen sprachlichen Merkmalen der symbolistischen Lyrik zählen u.a. eine artistische und bildhafte Sprache.

In einem symbolistischen Gedicht werden die Dinge nicht unmittelbar dargestellt. Der Dichter umschreibt das Ding oder die Situation aus verschiedenen Perspektiven, bis sich der höhere Sinn offenbart. Die Besonderheit der symbolistischen Lyrik liegt darin, dass die Gegenstände der Natur nicht an der Oberfläche beschrieben, sondern zu Symbolen gemacht werden, um eine tieferliegende Wahrheit zum Ausdruck zu bringen.

Stefan George gilt als der einflussreichste Lyriker des Symbolismus. Eines seiner berühmten Gedichte trägt den Titel *Komm in den totgesagten Park und schau* (1897). Die dritte und letzte Strophe lautet:

»Vergiss auch diese letzten astern nicht ·
Den purpur um die ranken wilder reben
Und auch was übrig blieb von grünem leben
Verwinde leicht im herbstlichen gesicht.«

Stefan George: Gedichte. Hrsg. von Günter Baumann. Stuttgart 2004. S. 48.

Es geht hier nicht um die Beschreibung der Natur in einem Park. Vielmehr fungiert die vergehende Natur als Symbol für die Vergänglichkeit des Menschen und spiegelt zugleich den Seelenzustand des lyrischen Ichs wider. Auch in formaler Hinsicht kommt der symbolistische Einfluss in Georges Gedicht durch die Außerkraftsetzung herkömmlicher Regeln, hier insbesondere der Rechtschreibung, zum Tragen.

Besonders beliebt ist das Dinggedicht. Dabei tritt das lyrische Ich weitgehend in den Hintergrund. Folgerichtig wirkt die Beschreibung des Dings oder der Situation objektiv und distanziert. Ziel dabei ist es, den beschriebenen Gegenstand in seinem Wesen zu erfassen.

Die berühmtesten Dinggedichte in der deutschsprachigen Literatur des Symbolismus stammen von Rainer Maria Rilke: *Der Panther* (1902); *Die Treppe der Orangerie* (1907); *Römische Fontaine* (1906); *Das Karussell* (1907); *Die Flamingos* (1908); *Der Ball* (1907); *Archaïscher Torso Apollos* (1918); *Spanische Tänzerin* (1906).

Merkmale symbolistischer Lyrik

- Symbole
- Vergänglichkeit
- Metaphern/Chiffren
- suggestive Sprache
- artistische Schreibweise
- viele Stilmittel
- Dinggedicht

Das Drama des Symbolismus

Im Vergleich zur Lyrik spielt das Drama im Symbolismus eine eher untergeordnete Rolle. Symbolistische Dramen befassen sich mit existenziellen Fragen und der Verbindung zwischen Realität und Traum. Auch das Übernatürliche spielt eine wichtige Rolle. Häufig inszeniert werden Figuren, die als Allegorien dienen; auch die Handlungen sind allegorisch und die Dialoge metaphorisch.

Die wichtigsten deutschsprachigen Damen des Symbolismus stammen von Hugo von Hofmannsthal (1874–1929): *Der Tor und der Tod* (1894); *Elektra* (1904) und insbesondere *Jedermann. Das Spiel vom Sterben des reichen Mannes* (1911), in dem nicht nur der Protagonist Jedermann, sondern viele andere Figuren (Buhlschaft, Tod, Mammon usw.) als Allegorien auftreten. Mit *Gestern* veröffentlicht Hofmannsthal bereits 1891 ein lyrisches Drama. Von Gerhart Hauptmann (1862–1946) stammt das symbolistische Drama *Der arme Heinrich* (1902).

Merkmale des symbolistischen Dramas

- existenzielle Fragen
- allegorische Handlung
- allegorische Figuren
- metaphorische Dialoge

Hauptthemen und Motive / Sprache und Stilmerkmale

Hauptthemen und Motive	Sprache und Stilmerkmale
• Geheimnis	• Symbole
• Natur	• Onomatopoesie
• Landschaft	• Synästhesie
• Schönheit	• freie Rhythmen
• Seele	• Assoziationen
• Liebe/Erotik	• erlebte Rede
• Vergänglichkeit	• Allegorien
• Leidenschaft	• Metaphern
• Sünde	• Parataxen
• Tod	• Vergleiche
• Einsamkeit	• Sekundenstil
• Ausweglosigkeit	• kunstvolle Sprache
• Mythen	• Neologismen

Symbolismus und Impressionismus im Vergleich

Symbolismus (1890–1920)	Vergleichsaspekt	Impressionismus (1890–1920)
• Gegenströmung zum Naturalismus • Abkehr von der Darstellung der Wirklichkeit • Idealistische Ausrichtung • Erschaffung einer Welt der Schönheit • L'art pour l'art	*Kunstauffassung*	• Gegenströmung zum Naturalismus • Darstellung subjektiver Eindrücke • Momentaufnahmen • Antirationale Kunstauffassung
• Natur • Großstadt • Tod • Liebe • Individuum • Ästhetik	*Themen*	• Persönliche Eindrücke • Großstadt • Natur • Erinnerungen • Gefühle
• Symbole • Eleganter Stil • Sprachliche Musikalität • Vergleiche • Metaphern • Onomatopoesien	*Sprache und Stil*	• Liebe zum Detail • Bildhafte Sprache • Metaphern • Onomatopoesien • Synästhesien • Verwendung von Adjektiven

Textbeispiel und Kurzkommentar

Der Panther

Im Jardin des Plantes, Paris

Sein Blick ist vom Vorübergehn der Stäbe
so müd geworden, dass er nichts mehr hält.
Ihm ist, als ob es tausend Stäbe gäbe
und hinter tausend Stäben keine Welt.

Der weiche Gang geschmeidig starker Schritte,
der sich im allerkleinsten Kreise dreht,
ist wie ein Tanz von Kraft um eine Mitte,
in der betäubt ein großer Wille steht.

Nur manchmal schiebt der Vorhang der Pupille
Sich lautlos auf –. Dann geht ein Bild hinein,
geht durch der Glieder angespannte Stille –
und hört im Herzen auf zu sein.

Rainer Maria Rilke: Gedichte. Ausw. und Nachw. von Dietrich Bode. Erg. und aktual. Ausg. Stuttgart 2012 [u. ö.]. S. 106.

Der Untertitel des Gedichts lokalisiert die lyrische Situation genau: »Im Jardin des Plantes, Paris«. Der Jardin des Plantes ist der Ort, an dem der Dichter den beschriebenen Panther beobachtet. Der Untertitel schafft bereits den Widerspruch zwischen Lebensbestimmung (Wildnis) und Lebenslage des Panthers (Jardin des Plantes, Paris). Der Sprecher sieht dem Panther im künstlichen Habitat zu und versucht, sich in ihn einzufühlen. Interessant an der Schilderung ist, dass der Sprecher sich auf den Blick des Raubtiers konzentriert »Sein Blick ist vom

Vorübergehn der Stäbe / so müd geworden, dass er nichts mehr hält.« (V. 1 f.)

Wichtig ist hierbei: Durch die Gefangenschaft ist das Raubtier sowohl seiner Bestimmung, nämlich der Jagd in der freien Wildbahn, als auch seiner Freiheit beraubt worden. Hervorgehoben wird die Auswirkung des Lebens in der Gefangenschaft. Der Sprecher scheint in der Lage zu sein, den »müden Blick« des Tieres bis in dessen Bewusstsein hinein zu verfolgen. Die Tatsache, dass dieser Blick nichts mehr »halten« kann, liegt an der Verkehrung und Unnatur durch die Einsperrung des Panthers. Auch die natürlichen Verhältnisse erscheinen verkehrt, wenn nicht mehr der Blick an den Stäben, sondern die Stäbe am Blick vorübergehen; nicht das Auge die Bilder sieht, sondern die Bilder ins Auge hineingehen.

Der Panther ist nicht mehr Subjekt seiner Regungen und Sinnesempfindungen, sondern erleidet sie wie etwas Fremdes. Deshalb tritt er auch selbst nicht als Subjekt eines Satzes auf. Hinter den Stäben, die seine Wirklichkeit definieren, fasst der Panther keine Realität mehr, sondern ergibt sich der ihm aufgezwungenen Passivität.

Das Gedicht ist Symbol für das Lebewesen, das seines natürlichen Lebensraums beraubt worden ist. Die zentrale Aussage des Textes ist, dass das entfremdete Leben ein sinnloses Leben darstellt. Der Panther sieht zwar äußerlich wie ein Raubtier aus, innerlich ist er jedoch keines mehr. Hier können durchaus Parallelen zum Leben der Menschen in der Großstadt um 1900 gezogen werden.

Autorinnen/Autoren und Werke (Auswahl)

- Richard **Dehmel** (1863–1920): *Der Mitmensch* (Drama, 1896)
- Stefan **George** (1868–1933): *Algabal* (Gedichte, 1892)
- Hugo **von Hofmannsthal** (1874–1929): *Einem der vorübergeht* (Gedicht, 1891); *Jedermann* (Drama, 1911)
- Rainer Maria **Rilke** (1875–1926): *Der Panther* (Gedicht, 1903)

Leitfragen zum Symbolismus

1. Was kennzeichnet den Symbolismus als Strömung der literarischen Moderne?
2. Welchen Stellenwert hat das Symbol in der Literatur des Symbolismus?
3. Warum ist Lyrik die bevorzugte literarische Gattung des Symbolismus?
4. Welche deutschsprachigen Autoren und Werke werden dem Symbolismus zugeordnet?

6 Wiener Moderne (1890–1910)

Checkliste

- [x] Metropole Wien
- [x] K. u. k. Monarchie / Doppelmonarchie
- [x] Vielvölkerstaat
- [x] Antisemitismus
- [x] Zionismus
- [x] kulturelle Blütezeit
- [x] Pessimismus
- [x] Psychoanalyse
- [x] Kaffeehausliteratur
- [x] Netzwerk von Autoren
- [x] Junges Wien
- [x] Sprachkrise
- [x] innerer Monolog / Bewusstseinsstrom
- [x] Zerfall der Monarchie
- [x] Sozialkritik
- [x] sozialpsychologisches Drama

Zeitgeschichtlicher Kontext: Warum Wien?

Als Wiener Moderne bezeichnet man eine der einflussreichsten Literaturbewegungen der Moderne. Sie entfaltet sich zwischen 1890 und 1910. Zentrum der Wiener Moderne ist die österreichische **Metropole** Wien. Die Stadt zählt um 1900 mehr als 2 Millionen Einwohner. Bis zum Ende des Ersten Weltkriegs (1914–18) ist Wien die Hauptstadt der k. u. k. (kaiserlichen und königlichen) **Monarchie**, auch österreichisch-ungarische Doppelmonarchie genannt. In der Wende vom 19. zum 20. Jahrhundert erlebt Wien einschneidende politische und gesellschaftliche Umbrüche: Die Niederlage Österreichs im deutsch-deutschen Krieg 1866 besiegelt das Ende des seit 1815 bestehenden Deutschen Bundes und damit auch die Rivalität zwischen Preußen und Österreich um die Vormachtstellung im künftigen deutschen Nationalstaat. In dem 1867 gegründeten Norddeutschen Bund unter preußischer Führung ist Österreich nicht mehr vertreten.

In der Politik und in der Gesellschaft herrschen dennoch beständige Spannungen: Die Doppelmonarchie ist ein **Vielvölkerstaat**. Dieser beherbergt verschiedene Nationen, Kulturen und Sprachen: deutsch, ungarisch, kroatisch, serbisch, tschechisch und slowenisch. Zwar geht der kulturelle Glanz der Doppelmonarchie nicht zuletzt auf diese multikulturelle Konstellation zurück, allerdings zeigt sich gegen Ende des 19. Jahrhunderts, dass der Staat nicht mehr in der Lage ist, die unterschiedlichen Interessen der verschiedenen Völker in Einklang zu bringen. Ungelöst bleibt auch das Problem des **Antisemitismus**, d. h. der gesellschaftlichen Diskriminierung der Juden, obwohl die jüdische Gemeinschaft einen beträchtlichen Beitrag zur Kulturentwicklung in Wien um die Jahrhundertwende leistet. In Wien entsteht auch seit den 1890er Jahren unter der

Abb. 7: Reinhold Völkel, *Café Griensteidl in Wien* (1896)

Führung Theodor Herzls (1860–1904) die **zionistische** Bewegung, die einen eigenständigen jüdischen Nationalismus begründet und das Ziel eines jüdischen Staats in Palästina verfolgt (*Der Judenstaat*, 1896).

Verschärft wird diese Lage durch die wirtschaftliche Depression der 1870er Jahre. Die Brüchigkeit der Habsburgerherrschaft trägt eine große **Verunsicherung** in die bürgerliche Welt. Folgerichtig ist gegen Ende des 19. Jahrhunderts das Fin-de-Siècle-Gefühl weit verbreitet, und die zunehmenden Zerfallserscheinungen in Politik und Gesellschaft schärfen das Bewusstsein dafür, dass der Vielvölkerstaat dem Ende zugeht. Nach der Niederlage im Ersten Weltkrieg löst sich die Doppelmonarchie auf.

Wien erlebt um 1900 eine **Blütezeit** in der Wissenschaft, der Musik, der bildenden Kunst und der Literatur. In den 90er

Jahren des 19. Jahrhunderts entwickelt sich die Metropole zu einem der wichtigsten Zentren der intellektuellen Moderne. Herausragende Ideengeber, Künstler, Denker und Dichter leben dort oder halten sich in dieser Zeit in Wien auf. Zu ihnen gehören u.a. der Begründer der Psychoanalyse, Sigmund Freud (1856–1939), der Begründer des Zionismus Theodor Herzl (1860–1904), die Schriftsteller Arthur Schnitzler (1862–1931), Hugo von Hofmannsthal (1874–1929), Robert Musil (1880–1942) und andere. Wien ist auch die Stadt der Komponisten Arnold Schönberg (1874–1951) und Gustav Mahler (1860–1911) sowie der berühmten Maler Egon Schiele (1890–1918) und Gustav Klimt (1862–1918). Diese Konstellation bedeutet für Wien einen enormen künstlerischen und wissenschaftlichen Innovationsschub, der auch die Literatur der damaligen Zeit nachhaltig prägt.

Leitgedanken

Die Wiener Moderne ist aufgrund der herrschenden politischen Instabilität von einer **pessimistischen** Grundhaltung geprägt. Die jungen Schriftsteller sind über die eigene Generation desillusioniert. In der Habsburgermonarchie werden ihnen politische und gesellschaftliche Handlungsmöglichkeiten verwehrt. Die zahlreichen Spannungen in Politik und Gesellschaft sowie die zunehmende Militarisierung tragen dazu bei, dass eine pessimistische Weltsicht und die Gedanken an einen bevorstehenden kulturellen Niedergang in den Fokus rücken. Angesichts der unsicheren Zeitumstände widmen sich viele Autoren zunehmend **psychologischen** Aspekten des menschlichen Lebens und ergründen auf diese Weise die Krisen des Individuums in der Moderne. Die Voraussetzung dafür schafft

Sigmund Freuds bahnbrechendes Werk *Die Traumdeutung* (1899). Erstmalig werden dadurch die Persönlichkeitskrisen und Seelenzustände des Menschen in den Blick genommen.

Definition: Psychoanalyse

Seit den 1890er Jahren entwickelt Sigmund Freud in Wien ein Modell der Psyche, nach dem nicht so sehr der bewusste Anteil (das »Ich«) das menschliche Handeln steuert, sondern die vor- und unbewussten Anteile (das »Über-Ich«: prägende Norm- und Wertvorstellungen; das »Es«: die Triebe, insbesondere der Sexualtrieb). Damit revolutioniert er das bis dahin dominierende Menschenbild (Mensch als rationales Wesen) und begründet die Psychotherapie als Behandlungsform für psychische Erkrankungen.

Das Programm der Wiener Moderne

Als literarische Bewegung zeichnet sich die Wiener Moderne durch einige Besonderheiten aus: Sie spielt sich hauptsächlich in Kaffeehäusern ab. Die wichtigsten sind Café Central und Café Griensteidl (Abb. 7). Diese Kaffeehäuser sind Orte der Begegnung und des geistigen Austauschs zwischen Autoren, Künstlern und anderen Intellektuellen. Die Literatur, die vor diesem Hintergrund entsteht, wird daher auch als **»Kaffeehausliteratur«** bezeichnet. ☑

In erster Linie ist die Wiener Moderne also durch ein persönliches **Netzwerk** von Autoren (und anderen Künstlern) gekennzeichnet. ☑ Ihr liegt kein eigenständiges ästhetisches Konzept zugrunde. Sie steht unter dem Einfluss der verschiedenen wichtigen Strömungen der literarischen Moderne, insbesondere: Fin de Siècle, Ästhetizismus, Impressionismus, Symbolismus und Jugendstil. Äußerst schöpferisch und individuell gehen die Vertreter der jungen Generation (daher die Bezeichnung »**Junges Wien**«) mit diesen wechselhaften ästhetischen Einflüssen um.

Zentrale Bedeutung in der Ästhetik der Wiener Moderne nimmt das zuerst von Rainer Maria Rilke thematisierte Phänomen der **Sprachkrise** ein, das auch in der Dekadenz-Literatur vielfach Anklang findet. Daneben wird die Psyche des Individuums, insbesondere die Rolle des Unbewussten, zu einem beliebten Motiv der Literatur. Dies lässt in der Wiener Moderne eine deutliche perspektivische Verschiebung gegenüber dem Naturalismus ersichtlich werden, der die ›objektive‹ Darstellung sozialer Probleme bevorzugt. Sexualität wird, entsprechend ihrer Bedeutung in der Psychoanalyse, zu einem wichtigen literarischen Gegenstand.

Trotz des Fehlens eines einheitlichen ästhetischen Programms herrscht Konsens hinsichtlich der kollektiven Ablehnung der konservativen Kultur und Kunst des Kaiserreichs. Sowohl die politische und gesellschaftliche Krise als auch die Auflösungserscheinungen der Donaumonarchie beherrschen die Gespräche in den Kaffeehäusern. Hilflosigkeit, Identitätskrise des Individuums und Melancholie stehen daher im Mittelpunkt zahlreicher literarischer Werke dieser Strömung.

Literarische Formen

Formen des Erzählens

Im Unterschied zum Impressionismus und insbesondere auch zum Symbolismus spielt die erzählende Literatur, der Prosaroman ebenso wie epische Kurzformen wie die Novelle, in der Wiener Moderne eine bevorzugte Rolle.

Insbesondere psychische Erfahrungen – ein beliebtes Thema –

werden in Prosaform dargestellt: Um dem Leser tiefe Einblicke in den seelischen Zustand und die Gedankenwelt der Figuren zu verschaffen, darunter auch als neuer literarischer Gegenstand sexuell-erotische Bedürfnisse und Erfahrungen, verwenden die Autoren die Techniken des **inneren Monologs** und des Bewusstseinsstroms. Mit diesen Erzähltechniken wird in Wien um 1900 ästhetisches Neuland betreten (siehe dazu auch das Textbeispiel im Folgenden). Typische Stilmittel sind asyndetische Reihungen (unverbundene Wörter und Sätze) und Ellipsen (unvollständige Sätze) sowie ein parataktischer Satzbau zur Charakterisierung schneller, ungeordneter, sich dynamisch ändernder Eindrücke.

Auch die Sprachkrise um 1900, die insbesondere die Lyrik prägt (siehe S. 115 f.), ist Gegenstand der erzählenden Literatur. Das bekannteste Beispiel ist Hugo von Hofmannsthals *Brief des Lord Chandos*, den man auch der Strömung des Fin de Siècle zuordnen kann (siehe Kapitel 3).

In verschiedenen Variationen wird in der erzählenden Literatur der Wiener Moderne der **Zerfall** der Donaumonarchie aufgegriffen. Robert Musil (1880–1942) schildert in seinem Roman *Der Mann ohne Eigenschaften* (ab 1930) diese Zerfallserscheinungen so:

»Es nannte sich schriftlich Österreichisch-Ungarische Monarchie und ließ sich mündlich Österreich rufen; mit einem Namen also, den es mit feierlichem Staatsschwur abgelegt hatte, aber in allen Gefühlsangelegenheiten beibehielt, zum Zeichen, daß Gefühle ebenso wichtig sind wie Staatsrecht und Vorschriften nicht den wirklichen Lebensernst bedeuten. Es war nach seiner Verfassung liberal, aber es wurde klerikal regiert. Es wurde klerikal regiert, aber man lebte freisinnig. Vor dem Gesetz waren alle Bürger gleich, aber nicht alle waren eben Bürger. Man hatte ein Parlament, welches so gewaltigen Gebrauch von seiner Freiheit machte, daß man es gewöhnlich geschlossen hielt; aber man hatte auch einen Notstandsparagraphen, mit dessen Hilfe man ohne das Parlament auskam, und jedesmal, wenn alles sich schon über den Absolutismus freute, ordnete die Krone an, daß nun doch wieder parlamentarisch regiert werden müsse. Solcher Geschehnisse gab es viele in diesem Staat, und zu ihnen gehörten auch jene nationalen Kämpfe […]. Sie waren so heftig, daß ihretwegen die Staatsmaschine mehrmals im Jahr stockte und stillstand, aber in den Zwischenzeiten und Staatspausen kam man ausgezeichnet miteinander aus und tat, als ob nichts gewesen wäre.«

Robert Musil: Gesammelte Werke. Bd. 1. Hrsg. von Adolf Frisé. Reinbek bei Hamburg 1952. S. 33.

Merkmale der Prosa der Wiener Moderne

- Romane und epische Kleinformen (Novellen)
- Psychische Zustände des Individuums
- Rolle des Unbewussten
- Sexualität/Erotik
- Innerer Monolog
- Bewusstseinsstrom
- Sprachkrise
- Dekadenzstimmung
- Kulturpessimismus
- Verfallsthematik

Besonderheiten lyrischen Sprechens

Lyrik nimmt eine wichtige Stellung in der Literatur der Wiener Moderne ein. Sie entwickelt sich vor dem Hintergrund der prekären historischen, kulturellen und gesellschaftlichen Situation Wiens um 1900. Häufige Stilmittel sind Alliterationen, Metaphern und Symbole. Auch die Vorliebe für das Ornamentale, das den Jugendstil prägt, ist vorhanden – wie hier überhaupt die Besonderheiten der verschiedenen Strömungen um 1900 miteinander vermischt werden. Eines der besonderen zentralen Themen der Lyrik ist das Phänomen der **Sprachkrise**, das in der Literatur um die Jahrhundertwende neu aufkommt. Die den Naturalisten noch selbstverständlich erscheinende Möglichkeit, die Wirklichkeit sprachlich abbilden zu können, wird zunehmend fraglich. Das ›Wesentliche‹, so die vielfache Erfahrung um 1900, ist sprachlich nicht erfassbar. Sprache bildet die Realität nicht ab, sondern sie behindert geradezu die Wirklichkeitswahrnehmung – so Fritz Mauthner (1849–1923) in seinem epochemachenden Werk *Beiträge zu einer Kritik der Sprache* (1901/02) –, da ihr, nach Nietzsche, wesentlich Täuschung und Verstellung zu eigen ist.

Rainer Maria Rilke
Ich fürchte mich so vor der Menschen Wort (1899)

Ich fürchte mich so vor der Menschen Wort.
Sie sprechen alles so deutlich aus:
Und dieses heißt Hund und jenes heißt Haus,
und hier ist Beginn und das Ende ist dort.

Mich bangt auch ihr Sinn, ihr Spiel mit dem Spott,
sie wissen alles, was wird und war;

kein Berg ist ihnen mehr wunderbar;
ihr Garten und Gut grenzt grade an Gott.

Ich will immer warnen und wehren: Bleibt fern.
Die Dinge singen hör ich so gern.
Ihr rührt sie an: sie sind starr und stumm.
Ihr bringt mir alle die Dinge um.

Rainer Maria Rilke: Gedichte. Ausw. und Nachw. von Dietrich Bode. Erg. und aktual. Ausg. Stuttgart: Reclam, 2012 [u. ö.]. S. 20.

Charakteristisch für die Lyrik der Wiener Moderne ist, dass die in der Philosophie Nietzsches verwurzelte Erkenntnis- und Sprachskepsis thematisch aufgegriffen wird. Der Sprecher zweifelt daran, dass mit der Sprache die Realität adäquat erfasst werden kann. Er stellt damit die Sprache als Mittel der Erkenntnis (Definitionsdrang) in Frage und betont sogar ihr Zerstörungspotenzial. Das lyrische Ich spricht eine Warnung vor dem unreflektierten Umgang mit der Sprache aus, denn die Menschen können mit der Sprache die »Dinge um[bringen]« und damit die Welt zerstören.

Merkmale der Lyrik der Wiener Moderne

- Poesie der Großstadt
- Verfallsthematik
- Dekadenzstimmung
- Sprachkrise

Das Drama der Wiener Moderne

Die Dramatik der Wiener Moderne bevorzugt vor allem den Einakter und die Gesellschaftsdramen. Erfolgreichster Dramatiker ist Arthur Schnitzler (1862–1931). Seine Dramen nehmen

sozialkritische und psychologische Themen seiner Zeit auf und bilden häufig ein literarisches Pendant zu Freuds Psychoanalyse.

Wie kaum ein anderes Drama der Wiener Moderne zeichnet Schnitzler in seinem Einakter-Zyklus *Anatol* (1892) ein negatives Bild der Wiener Gesellschaft der Jahrhundertwende. Der Protagonist Anatol ist ein alter, aber wohlhabender Junggeselle, der die Lebensgewohnheiten und Wertmaßstäbe der Wiener Oberschicht verachtet, obwohl er selbst der Aristokratie angehört.

In Anatols Verhalten wird ein markanter gesellschaftlicher Umbruch sichtbar: Im Gegensatz zu seinen Standesgenossen, die Repräsentationsaufgaben anstreben, zieht sich Anatol ins Private zurück und pflegt ein flüchtiges Liebesabenteuer sowohl mit wechselnden jungen Frauen aus der Boheme als auch mit Ehebrecherinnen aus der Vorstadt. Anatols flüchtige Liebesbegegnungen drücken einen Protest gegen die herrschende bürgerliche Vorstellung von Liebe aus. Weil sie aus der Perspektive des traditionellen bürgerlichen Kodex einen Tabubruch bilden, stellen diese Liebesbegegnungen eine Form von Dekadenz dar. Sie offenbaren aber zugleich das Dilemma des Protagonisten, der sich zwischen romantischer und sachlicher Liebe nicht entscheiden kann. In seiner Suche nach dem Sinn des Lebens findet Anatol keine Orientierung.

Ein **sozialpsychologisches** Drama von tragischer Intensität stellt Schnitzlers Volkstück *Liebelei* dar: Ein naives Mädchen aus der Vorstadt zerbricht an der Untreue ihres Geliebten, weil sie an die Vorstellung einer monogamen Liebe glaubt, die der Geliebte allerdings für längst überholt hält. Weitere erfolgreichen Dramen des Autors sind *Der grüne Kakadu* (1898), *Die Gefährtin* (1899), *Reigen* (1900), *Professor Bernhardi* (1912).

Neben Schnitzler gelten Hugo von Hofmannsthal (1874–1929) – mit *Der Tod des Tizian* (1892) und *Jedermann* (1911) –

und Richard Beer-Hofmann (1866–1945) – mit *Der Graf von Charolais. Ein Trauerspiel* (1905) – als bedeutende Dramatiker der Wiener Moderne. Ihre Werke erstellen eine Diagnose des Wiener Bürgertums um die Jahrhundertwende. Hofmannsthals Dramen sind exemplarisch dafür, wie die neuen psychoanalytischen Erkenntnisse in dramatische Literatur umgesetzt werden können. *Elektra* (1904) etwa kann als Studie des um 1900 häufig auftretenden Hysterie-Phänomens gelten.

Merkmale des Dramas der Wiener Moderne

- Einakter
- satirische Überzeichnung
- Gesellschaftskritik
- Sexualität
- Hysterie
- Anklänge an die Psychoanalyse
- das Unbewusste

Hauptthemen und Motive / Sprache und Stilmerkmale

Themen und Motive	Sprache und Stilmerkmale
• Identitätskrise	• Innerer Monolog
• psychische Zustände, das Unbewusste	• Bewusstseinsstrom
• Erotik	• erlebte Rede
• Unsicherheit	• Ellipsen
• Verzweiflung	• Parataxe
• Melancholie	• asyndetische Reihung
• Sprachkrise	• Nominalstil
• Traum	

Textbeispiel und Kurzkommentar

»Wie lang wird denn das noch dauern? Ich muss auf die Uhr schauen … schickt sich wahrscheinlich nicht in einem so ernsten Konzert. Aber wer sieht's denn? Wenn's einer sieht, so passt er gerade so wenig auf, wie ich, und vor dem brauch' ich mich nicht zu genieren … Erst viertel auf Zehn? … Mir kommt vor, ich sitz' schon drei Stunden in dem Konzert. Ich bin's halt nicht gewohnt … Was ist es denn eigentlich? Ich muss das Programm anschauen … Ja, richtig: Oratorium! Ich hab' gemeint: Messe. Solche Sachen gehören doch nur in die Kirche! Die Kirche hat auch das Gute, dass man jeden Augenblick fortgehen kann. – Wenn ich wenigstens einen Ecksitz hätt'! – Also Geduld, Geduld! Auch Oratorien nehmen ein End'!«

Arthur Schnitzler: Lieutenant Gustl. Novelle. Hrsg. von Konstanze Fliedl. Mit Anm. und Literaturhinw. von Evelyne Polt-Heinzl. Stuttgart 2014 [u. ö.]. S. 7.

Musterhaft umgesetzt wird die Technik des inneren Monologs in der berühmten Monolognovelle *Lieutenant Gustl* von Arthur Schnitzler (1862–1931) aus dem Jahr 1901, deren Beginn hier wiedergegeben ist. Die Novelle stützt sich auf die von Sigmund Freud begründete Psychoanalyse. Sie gewährt mit Hilfe des inneren Monologs tiefe Einblicke in das psychologische Innenleben bzw. in die Bewusstseinsvorgänge des Protagonisten Gustl. Diesem wird beim Konzertbesuch die Diskrepanz zwischen seinem Verhalten und den gesellschaftlichen Konventionen (»Ich muss auf die Uhr schauen … schickt sich wahrscheinlich nicht in einem so ernsten Konzert«) bewusst. Davon legen sowohl seine Ungeduld (»Wie lange wird denn das noch dauern?«) als auch sein Gefühl der Entfremdung Zeugnis ab. Seine Erwartungshaltung und die tatsächlichen Gegebenheiten stimmen nicht überein. Obwohl er unter dem gesellschaftlich aufoktroyierten Korsett leidet (»Mir kommt vor, ich sitz' schon drei Stunden in dem Konzert«), traut er sich nicht offen dagegen aufzubegehren. Stattdessen verliert er sich immer mehr in seiner sich assoziativ weiterentwickelnden Gedankenwelt.

Autoren und Werke (Auswahl)

- Arthur **Schnitzler** (1862–1931): *Lieutenant Gustl* (Novelle, 1901); *Reigen* (Drama, 1900); *Fräulein Else* (Novelle, 1924); *Traumnovelle* (Novelle, 1925)
- Richard **Beer-Hofmann** (1866–1945): *Der Graf von Charolais. Ein Trauerspiel* (Drama, 1905)
- Hugo **von Hofmannsthal** (1874–1929): *Siehst du die Stadt?* (Gedicht, 1890); *Das Bergwerk zu Falun* (Drama, 1900–1932); *Jedermann* (Drama, 1911)
- Robert **Musil** (1880–1942): *Die Verwirrungen des Zöglings Törleß* (Roman, 1906)

Leitfragen zur Wiener Moderne

1. Welche literarischen Strömungen beeinflussen die Wiener Moderne?
2. Welche Funktion haben die Kaffeehäuser in der Wiener Moderne?
3. Welche Themen interessieren die Autoren der Wiener Moderne?
4. Welche Relevanz hat Sigmund Freud für die Literatur der Wiener Moderne?

7 Jugendstil (1890–1915)

Checkliste

- ☑ Wilhelminismus
- ☑ Historismus
- ☑ Wiener Secession
- ☑ positives Lebensgefühl
- ☑ fließende Formen
- ☑ Verbindung von Kunst und Leben
- ☑ Ornament
- ☑ florale Muster
- ☑ naturbezogene Symbole
- ☑ Schönheit des Lebens
- ☑ Enjambement
- ☑ schmückende Adjektive und Adverbien
- ☑ Kettenreim
- ☑ Aufbegehren gegen Eltern
- ☑ Tabubrüche
- ☑ Neuromantik
- ☑ Heimatkunst
- ☑ Neuklassik

Zeitgeschichtlicher Kontext

Der Jugendstil ist die deutsche Variante jener künstlerischen Entwicklung, die um 1900 in zahlreichen Ländern unter verschiedenen Bezeichnungen in Erscheinung tritt. So spricht man z. B. in Frankreich von »Art Nouveau« und in England von »Modern Style«. Zu den bedeutenden Künstlern des Jugendstils zählen u. a. Henry van de Velde (1863–1957), Henri de Toulouse-Lautrec (1864–1901), Louis C. Tiffany (1848–1933) und Franz von Stuck (1863–1928).

Das historische Umfeld, in dem sich der Jugendstil in ☑ Deutschland entwickelt, ist das Zeitalter des **Wilhelminismus**. Die Jugendstilbewegung in Deutschland versteht sich selbst als Reaktion auf die Erwartung von Kaiser Wilhelm II. (1859–1941), die Kunst zur Glorifizierung des Kaisertums zu verpflichten. Allerdings verstärkt die Erwartung des Kaisers die Bestrebung der Künstler, sich von diesen Ansprüchen und überhaupt den alten Konventionen zu lösen und neue Wege der künstlerischen Produktion zu erproben, tradierte Formen und Strukturen in Kunst und Gesellschaft aufzubrechen. Ähnlich ist es in Österreich-Ungarn: Die insbesondere in Wien starke Jugendstilbewegung, die dort vor allem in der Malerei und der Architektur Ausdruck findet, versteht sich als Gegen- ☑ bewegung zum vorherrschenden **Historismus** (Neobarock), der den Vorlieben des Hofes und des Großbürgertums entspricht. Bedeutende Vertreter des Wiener Jugendstils sind der Maler Gustav Klimt (1862–1918) und der Architekt Otto Wagner (1841–1918, Abb. 8). Der Beginn des Ersten Weltkriegs bedeutet das Ende des Jugendstils.

Abb. 8: Gustav Klimt, *Adele Bloch-Bauer I* (1907)

Definition: Historismus

Allgemeine Bezeichnung für stilistische Orientierung an vergangenen Epochen. Im eigentlichen Sinn eine kunstgeschichtliche Strömung des 19. und frühen 20. Jahrhunderts, die auf Stilrichtungen der vergangenen Epochen zurückgreift (Neogotik, Neobarock). In der klassischen Moderne wird dem Historismus ein Mangel an Kreativität vorgeworfen und deshalb als Vorbild für Kunst und Architektur abgelehnt. Vgl. z. B. die Wiener Secession.

Leitgedanken

Der Jugendstil ist eine von der Generation zwischen dem Naturalismus und dem Expressionismus getragene, europaweite künstlerische Bewegung, die im deutschsprachigen Raum einen ihrer Ursprünge in der sogenannten Wiener **Secession** hat. Künstlerisch lehnen die Vertreter des Jugendstils ein konservatives Kunstverständnis ab, und gesellschaftlich lehnen sie sich gegen die militärische Strenge der wilhelminischen Ära auf. Ähnlich in Österreich, wo das Militär ebenfalls einen hohen gesellschaftlichen Rang einnimmt. Ziel dabei ist es, das enge Korsett des Obrigkeitsstaats und dessen starre Normen abzustreifen. Die Begriffe Jugendstil und Secession werden um 1900 synonym verwendet.

Definition: Secession

Bezeichnung für die 1897 in Wien gegründete Vereinigung von bildenden Künstlern, die den konservativen Kunstbegriff ablehnten und deshalb eine Abspaltung vom Wiener Künstlerhaus erreichen wollten (Wiener Secession).

Vertreter des Jugendstils wenden sich gegen den Historismus in der Kunst und den Positivismus in der Wissenschaft. Sie vollziehen eine Abkehr von der Gründerzeit. Ihre Kritik richtet sich zudem gegen den Impressionismus und die Dekadenz des Fin de Siècle.

Gleichzeitig betonen sie die Freiheit und ein **positives Lebensgefühl**. Sie propagieren das Jugendliche, Lebensfrohe und Innovative. Im Zusammenhang mit der seinerzeit aufkommenden Freikörperkultur fordert die Jugend einen unverkrampften Umgang mit der Sexualität, um die Freude am Leben wiederzuentdecken, statt sich den tradierten Konventionen zu unterwerfen. Lieblingsmotive in Architektur, Inneneinrichtung und Gebrauchsgegenständen sind Tiere, Blumen und Frauenköpfe mit langen Haaren. Bemerkenswert ist die künstliche Imitation der Bewegung des Wassers. Der Naturbezug, **fließende Formen**, Vermeidung von strengen Symmetrien – dies aber in formbewusster ›schöner‹ Gestaltung – ist kennzeichnend für den Jugendstil: Hinwendung zur natürlichen Schönheit als Gegenmodell zur Industrialisierung, Urbanisierung und den damit verbundenen Problemen wie Pauperismus, großstädtischer Hektik, technischem Fortschritt. ☑

Das Programm des Jugendstils

Der Jugendstil ist kein Epochenbegriff, sondern die Bezeichnung für eine Stilrichtung in der Kunst zwischen dem Impressionismus und dem Expressionismus. In der literarischen Jugendstilbewegung der Jahrhundertwende wird die Abspaltung von der bisherigen Tradition zum Programm erhoben (z. B. Wiener Secession). Man versucht sich von allen Konventionen zu lösen und neue Wege in der künstlerischen bzw. literarischen Produktion zu gehen. Richard Dehmel (1863–1920), einer der führenden Vertreter des Jugendstils, sieht es als Leistung des Künstlers an, einen Weg zu eröffnen zu dem

> »Allgemeingefühl, das uns mit jeder Kreatur, mit jedem Tier und Baum und Stein verbindet, das uns an jedem irdischen wie überirdischen Ding nach immer neuen Eigenschaften, d. h. Beziehungen zu uns selbst suchen läßt, das eigentlich Schöpferische, Unerschöpfliche, ob wir's nun Leben oder Natur, Gott oder Weltgeist, Allseele oder Seele der Menschheit, Ur-Ich oder sonstwie nennen mögen.«
>
> Richard Dehmel: Gesammelte Werke. Bd. 3. Berlin 1920. S. 120.

Viele Künstler der Jugendstilbewegung versuchen, die Grenze zwischen Kunst und Leben aufzuheben. Im Vordergrund steht allerdings nicht der Niedergang des Alten, sondern vielmehr der Beginn des Neuen. Angestrebt wird die **Verbindung von Kunst und Leben**, die Verbundenheit des einzelnen Menschen mit der Natur und mit dem Ganzen. Hervorgehoben wird also die Einheit von Kunst und Leben. Entsprechend erstreckt sich der künstlerische Gestaltungsanspruch auf alle Lebensbereiche, bis hin zu den Gegenständen des Alltagsgebrauchs: Besteck und Geschirr, öffentliche Toiletten oder U-Bahn-Stationen usw.

Vom Naturalismus unterscheidet sich der Jugendstil dadurch, dass Dichtung die sozialen Missstände und die soziopolitische Wirklichkeit ausblendet. Allerdings strebt der Jugendstil keine Poesie der Weltflucht an, da der Künstler bzw. der Dichter sich nicht von dem Alltag in eine künstliche Welt zurückzieht, sondern im Gegenteil auch die Alltagswelt künstlerisch überformen will. Hervorgehoben werden die Jugend, die natürliche Schönheit und die Freiheit.

Im literarischen Jugendstil geht es häufig um eine Übernahme von Motiven aus dem bildnerischen Jugendstil. Die Sprache des Jugendstils wird zum **Ornament** und ist oft stilisiert und der Wirklichkeit entfremdet. Das bedeutet häufig, dass weniger der beschriebene Gegenstand oder Sachverhalt als vielmehr die sprachliche Gestaltung selbst jugendstilhaft ist.

Der literarische Jugendstil wird sehr unterschiedlich verwirklicht. Die Zuordnung eines literarischen Textes zum Jugendstil ist aus ganz verschiedenen Gründen möglich: entweder aufgrund der äußeren Gestaltung (**florale Muster** etwa werden in der Lyrik als Kettenreime nachgebildet), der aufgegriffenen Motive (oft **naturbezogene Symbole** wie Brunnen, Tiere, Pflanzen) oder der Schreibweise (stilistisch schwungvoll, mit harmonischen Bewegungen).

Literarische Gattungen

Formen des Erzählens

Der Schwerpunkt des Jugendstils liegt eindeutig auf der Architektur und der bildenden Kunst. Literarische Beiträge zum Jugendstil gibt es vergleichsweise wenige. Dies betrifft insbesondere die erzählende Literatur. Hier hat der Jugendstil kaum nennenswerte Werke hervorgebracht. Das liegt daran, dass sich die ästhetischen Vorstellungen des Jugendstils nur sehr eingeschränkt in der Prosa nachbilden lassen. Eine Ausnahme bildet der Roman *Der Tod Georgs* von Richard Beer-Hofmann (1866–1945) aus dem Jahr 1900, wie folgende Textstelle zeigt:

> »Hinter ihr stieß der Saum der Wiese an den lichten Abendhimmel, und scharf grenzten sich von ihm ab die dichtgedrängten duftenden Blumen und ihre schmächtige weiße Gestalt. […] und wie sie langsam bergab schritt, glitt ihr Umriß vom lichten Himmel ab auf den weißblühenden Wiesenhang, der steil wie eine Wand hinter ihr emporstieg. Fast körperlos schien sie; nur ihr eigenes weißes Bild, das sich in fremden Linien von den Blüten und Stengelgewirr der narzissenübersäten Tapete hob.«
>
> Richard Beer-Hofmann: Der Tod Georgs. Hrsg. von Hartmut Scheible. Stuttgart 1980. S. 16.

Dass hier im Jugendstil geschrieben wird, wird schnell ersichtlich. Dabei geht es nicht nur um die Beschreibung des schmächtigen weißen Mädchens oder der Narzissen, weil das allein den Jugendstil nicht ausmacht, auch wenn sie zu ihm passt. Vielmehr rückt hier in den Fokus, dass die Wiese als Wand, als senkrechte Fläche erscheint. Die Blumen bilden ein Tapetenmuster und die menschliche Gestalt rückt als Kontur ins Bild. Diese Beschreibung entspricht der für den bildnerischen Jugendstil typischen Darstellungsweise, hier von floralen Mustern als einem künstlichen Paradies.

Merkmale des Erzählens im Jugendstil

- wenige epische Werke
- ornamentale Sprache
- Schönheit der Natur
- bildnerische Darstellungsweise

Besonderheiten lyrischen Sprechens

Die Hauptleistungen des literarischen Jugendstils liegen in der Lyrik. Äußerlich zeichnen sich Texte des Jugendstils durch ornamentale sprachliche Mittel aus. Mit Vorliebe werden Elemente aus Sagen, Mythen und Märchen verarbeitet; Gleiches gilt für ☑ die Verherrlichung der **Schönheit** des Lebens, die Sehnsucht nach dem Tod oder die Beschreibung schöner Gegenstände, Stoffe, Steine und Natur. Aber auch die Formulierung von Ansprüchen gegen die Welt der Elterngeneration ist typisch für den Jugendstil. Einige Gestaltungsprinzipien des Jugendstils werden beispielsweise an folgendem Gedicht sichtbar:

Ernst Stadler
Stille Stunde

Schwer glitt der Kahn. Die Silberweiden hingen
schauernd zur Flut. Und bebend glitt der Kahn.
Und deine Worte fremd und klanglos fielen
Wie blasse Mandelblüten leicht und leuchtend

Zum Fluß aus dessen schwankem Grunde spiegelnd
Die hellen Wiesen lockten und der Himmel
Und allen Lebens traumhaft Bild indes
Vom flirrenden Geäst durchsungner Kronen
Der Abend in Rubinenfeuern sprühend
Sich golden in die lauen Wolken schwang.

Und deine Worte sanken mit dem Rauschen
Erglühter Wasser und dem süßen Takt
Tropfender Ruder fremd und schwer zusammen
In eine dunkle Weise hingeschleift
Vom matten Licht der Dämmerung die schon feucht
Die Wiesen überrann ein Kinderlied
Aus Spiel und Traum gefügt das weich wie Flaum
Blaßroter Wölkchen durch den bebenden Glanz
Der Wasser ging und still im Abend losch.

Ernst Stadler: Dichtungen. Bd. 2. Hamburg [1954]. S. 186 f.

Das Gedicht schildert einen idealen Ort, einem künstlichen Paradies gleich, der besonders herausgehoben ist. Auffällig ist die lineare Dynamik in der ersten Strophe. Diese wird erzeugt durch die kontinuierliche Bewegung des gleitenden Kahns. Verschärft wird diese lineare Dynamik in der zweiten Strophe. Hier wird das Sinken der Worte zu einem Zusammensinken, und am Abend erlischt das letzte Kinderlied. Das Ornamentalische zeigt sich am girlandenartigen Hängen der Silberweiden, dem Schauern und Beben und als Gegenbewegung am »flirrenden Geäst« (V. 8), »sprühenden« und »schwingenden« Abend. Diese sehr bildhafte Naturdarstellung vermittelt einen für den Jugendstil typischen dekorativen Charakter. Girlandenhaft wirken auch die fast durchgängigen **Enjambements**, die die Verse über den Satz- ☑

bau miteinander verflechten. Sprachlich auffällig ist zudem die Überfülle an schmückenden **Adjektiven** und Adverbien, die eine harmonisch-ruhige Atmosphäre erzeugen.

Zu den typischen Bildmotiven des Jugendstils zählen u. a.: der Kahn, die Silberweide, die Flut, die entfremdeten Menschen, die Mandelblüten, die Spiegelung, das Gegenbild des jugendlichen Lebens, golden sprühendes Licht, laue Wolken.

Das Gedicht von Stadler ist reimlos. In anderen Gedichten wird das jugendstiltypische Flecht- und Rankenmotiv auch durch **Kettenreime** nachgebildet. Ein Beispiel dafür ist Hofmannsthals *Ballade des äußeren Lebens*, die in Kapitel 3 vorgestellt wurde (S. 69 ff.).

Merkmale der Jugendstil-Lyrik

- harmonische Lebenswelt
- ornamentale Sprache
- Verwendung floraler Elemente
- Schönheit der Natur
- jugendstilhafte Bildwelt
- Flecht- und Rankenmotiv
- Enjambements
- Adjektiv- und Adverbverwendung
- Kettenreim

Das Drama des Jugendstils

Der Jugendstil hat nur wenige Dramen hervorgebracht. Herausragendes Beispiel ist Frank Wedekinds Kindertragödie *Frühlings Erwachen* aus dem Jahr 1891. Darin kritisiert Wedekind die im Wilhelminischen Kaiserreich vorherrschende bürgerliche Sexualmoral: Die Gymnasiasten Melchior Gabor und Moritz Stiefel stehen körperlichen Veränderungen hilflos gegenüber, denn sie sind von ihren Eltern nicht aufgeklärt worden. Melchior verliebt sich in Wendla Bergmann. Als diese wenig später schwanger wird, weicht ihre Mutter den neugierigen Fragen ihrer Tochter aus, und versucht sie mit dem Märchen vom Klapperstorch im Stand kindlicher Naivität zu halten. Unterdessen erschießt sich Moritz, weil seine Versetzung trotz Anstrengung gefährdet ist. Man findet zwischen seinen Schulsachen Melchiors illustrierte Abhandlung über den Geschlechtsakt und hält dies für die Ursache des Selbstmordes. Melchior wird der Schule verwiesen, und seine Eltern schicken ihn in eine Besserungsanstalt. Als Wendla beim Abtreibungsversuch stirbt, will auch Melchior sich das Leben nehmen. Doch dann erscheint ihm ein vermummter Herr, der ihn von seinem Vorhaben abbringt.

Thematisch fügt sich Wedekinds Kindertragödie in die Strömung des Jugendstils: Der verdorbenen und tabubelasteten Welt der Eltern steht die scheinbar gesunde und natürliche Welt der Kinder gegenüber. Dieser Kontrast zeigt sich auch an der Figurengestaltung. Während die Erwachsenen karikiert werden, erscheinen die Kinder als Identifikationsfiguren. Ihr **Aufbegehren** gegen die als überkommen empfundene Welt der Eltern wird als begründet und plausibel dargestellt, geschieht aber ohne revolutionäre Geste und bleibt erfolglos. ☑

Zu den Jugendstil-Motiven gehören u. a.: Freiheitskult, Sinneslust und Genuss. Die **Tabuisierung** dieser Motive durch die Elterngeneration erzeugt einen Druck, an dem die junge Generation zerbricht. ☑

Merkmale des Jugendstil-Dramas

- Einakter/Dramolette
- Kritik an tradierten bürgerlichen Werten
- Hochschätzung der Jugend
- Tabubrüche

Hauptthemen und Motive / Sprache und Stilmerkmale

Themen und Motive	Sprache und Stilmerkmale
• Natur • Lebensrausch • Liebe • Tod • Frühlingsgefühle • Traumwelt • künstliches Paradies • Mythologie • Blütenzauber • Tanz und Taumel • Weiher und Kahn • Schwäne • Ranken- und Flechtmotivik • Ornament und geschwungene Linien	• Parallelismen • Wiederholungen • Vergleich • Metapher • viele Adjektive und Adverbien • ornamentale Sprache • Enjambement • Kettenreim • Symbol

Textbeispiel und Kurzkommentar

Rainer Maria Rilke
Der Schwan

Diese Mühsal, durch noch Ungetanes
schwer und wie gebunden hinzugehn,
gleicht dem ungeschaffnen Gang des Schwanes.

Und das Sterben, dieses Nichtmehrfassen
jenes Grunds, auf dem wir täglich stehn,
seinem ängstlichen Sich-Niederlassen –:

in die Wasser, die ihn sanft empfangen
und die sich, wie glücklich und vergangen,
unter ihm zurückziehn, Flut um Flut;
während er unendlich still und sicher
immer mündiger und königlicher
und gelassener zu ziehn geruht.

Rainer Maria Rilke: Gedichte. Ausw. und Nachw. von Dietrich Bode. Erg. und aktual. Ausg. Stuttgart: Reclam, 2012 [u. ö.]. S. 108.

Das vorliegende Gedicht zeigt exemplarisch den Einfluss des Jugendstils auf Rainer Maria Rilkes Frühwerk. Ist die Lilie *die* Blume des Jugendstils, so ist der Schwan *das* Tier dieser Strömung par excellence. Der Titel des Gedichts, *Der Schwan*, bietet daher einen wichtigen Anhaltspunkt für die Einordnung des Textes. Aufgrund seines Erscheinungsbildes (geschwungener Hals), das der Vorliebe für das nicht ganz symmetrische Ornamentale entspricht, und seiner sanften und gleitenden Bewegungen eignet sich der Schwan für die literarische Nachempfindung der Jugendstillinie. Der Schwan ist der Sonnenvogel, der durch seine königliche Fortbewegung die aristokratische Lebensform in einer harmonischen Lebenswelt realisiert.

Auch formale Aspekte wie Reim und Strophenform haben eine jugendstiltypische Gestaltung: einerseits sehr formbewusst, andererseits nicht streng symmetrisch. So wechselt die Strophenlänge zwischen zwei Dreizeilern und einem Sechszeiler; das entspricht keiner historischen strengen Gedichtform. Ebenso variiert das Reimschema zwischen Kettenreim, Paarreim und umarmendem Reim (a b a c b c d d e f f e), wobei die ersten beiden Strophen durch den mittleren Vers miteinander ›verwoben‹ werden. Auffällig sind auch die zahlreichen Enjambements und vielfach eingesetzten Adjektive und Adverbien, die den ornamentalen Charakter hervorheben.

Aber nicht nur der Form wegen ist dieses Gedicht ein Werk des Jugendstils, sondern vor allem, weil der Text einige zentrale Motive dieser Strömung aufgreift. Auffällig sind u. a. die Bezüge auf das Todesmotiv. Durch die Abwesenheit des Hauptsymbols (des Schwans) nimmt die zweite Strophe eine besondere Stellung in diesem Gedicht ein. In dieser Strophe evoziert der Sprecher die Angst vor dem Tod, die sich in dem »ängstlichen Sich-Niederlassen« (V. 6) widerspiegelt. Allerdings schafft sowohl die Wellenbewegung »Flut um Flut« (V. 9) als auch die Schönheit der Natur eine beruhigende Stimmung, die dem Individuum die Angst vor dem Tod nimmt (»gelassener zu ziehn geruht«, V. 12).

Autoren und Werke (Auswahl)

- Richard **Dehmel** (1863–1920): *Die stille Stadt* (Gedicht, 1896)
- Richard **Beer-Hofmann** (1866–1945): *Der Tod Georgs* (Roman, 1900)
- Hugo **von Hofmannsthal** (1874–1929): *Leben* (Gedicht, 1894)
- Rainer Maria **Rilke** (1875–1926): *Der Schwan* (Gedicht, 1907)
- Ernst **Stadler** (1883–1914): *Stille Stunde* (Gedicht, 1905)

Randständige weitere Strömungen

Mit dem Jugendstil verwandt sind folgende randständigen Strömungen.

Neuromantik (1890–1920)

Die **Neuromantik** ist eine antimoderne Bewegung. Sie übernimmt die irrationalen Züge des Jugendstils und setzt sich in Opposition zum Naturalismus und der Moderne. Gepflegt wird folgerichtig ein frühromantisches Erbe, nämlich die Symbiose von Ich und Welt, von Natur und Kunst. Berührungen mit dem Ästhetizismus, insbesondere mit dem Symbolismus, sind vielfach zu beobachten. Bevorzugt behandelt werden Themen, die dem Mittelalter und der Romantik zuzuordnen sind, so zum Beispiel Mythen, Sagen, Märchen und Träume. Auch das Fantastische und Übersinnliche bilden wichtige Themen und Motive. Das Werk Richard Wagners (1813–1883) und vor allem dessen Hang zum Mythos hat viele Neuromantiker inspiriert. Die Lyrik der Neuromantik thematisiert häufig Emotionen, die Sehnsucht nach Transzendenz und die Natur. Epik ist nur in geringem Umfang vertreten. Großen Erfolg im Bereich der Dramatik feiert Gerhart Hauptmann (1862–1946) mit seinem 1896 veröffentlichten Werk *Die versunkene Glocke*, das zugleich die Abkehr des Autors vom Naturalismus markiert.

Autoren und Werke (Auswahl):

- Gerhart **Hauptmann** (1862–1946): *Die versunkene Glocke* (Drama, 1896)
- Ricarda **Huch** (1864–1947): *Aus der Triumphgasse* (Skizzen, 1902)
- Hermann **Hesse** (1877–1962): *Siddharta* (Roman, 1920)

Heimatkunst (1890–1930)

☑ Die **Heimatkunst** ist eine kulturkonservativ bzw. restaurativ ausgerichtete Bewegung, die sich durch die Kritik an den negativen Begleiterscheinungen der Moderne (z. B. Landflucht, Heimatverlust, Massengesellschaft, Großstadtkultur) auszeichnet. Zur Heimat stilisiert wird der von der modernen Industrialisierung unberührte Raum: Heide, die Bergwelt, Provinz und das Dorf. Besonders gepflegt werden literarische Gattungen wie der Bauernroman, die Heimaterzählung (Dorfgeschichten) und die Idylle. Charakteristisch ist eine Ablehnung der naturalistischen Ästhetik (z. B. Zola und Ibsen). Man orientiert sich am poetischen Realismus. Verherrlicht werden der heimatliche Stamm, das Dorf und die heimatliche Scholle. Vorbilder sind u. a. Jeremias Gotthelf, Gottfried Keller und Ludwig Anzengruber. Der Sprachstil ist betont einfach. Die in diesem Stil verfassten Romane und Erzählungen sind beim bürgerlichen Lesepublikum besonders beliebt. Einen nachhaltigen Anklang findet die Heimatkunst später in der völkischen Literatur (Blut- und Bodendichtung) des Nationalsozialismus.

Autoren und Werke (Auswahl):

- Hermann **Löns** (1866–1914): *Der Wehrwolf* (Roman, 1910)
- Heinrich **Federer** (1866–1928): *Berge und Menschen* (Roman, 1911)
- Ludwig **Thoma** (1867–1921): *Lausbubengeschichten* (Geschichtensammlung, 1905)
- Wilhelm **Schäfer** (1868–1952): *Rheinsagen* (volkstümliche Erzählungen, 1908)

Neuklassik (1890–1915)

Wie in der konservativen Heimatkunst verschärft sich in der Strömung der **Neuklassik**, die zwischen 1890 und 1915 angesetzt wird, die Ablehnung des Naturalismus. Zudem wendet sich die Neuklassik gegen die zeitgenössischen Dekadenzerscheinungen. Vertreter dieser Strömung orientieren sich an der Weimarer Klassik. Vorbilder sind Goethe (1749–1832) und Schiller (1759–1805). Aufgewertet werden daher wieder Aspekte wie Formstrenge, Harmonie und Anmut.

Autoren und Werke (Auswahl):

- Isolde **Kurz** (1853–1944): *Italienische Erzählungen* (Erzählungen, 1895)
- Paul **Ernst** (1866–1933): *Der schmale Weg zum Glück* (Roman, 1904)
- Wilhelm **von Scholz** (1874–1969): *Der Besiegte* (Drama, 1899)

Leitfragen zum Jugendstil

1. Woher bezieht der Jugendstil seinen Namen?
2. Welche poetologischen Ziele verfolgt der Jugendstil?
3. Wie unterscheidet sich das Kunstverständnis des Jugendstils von dem des Symbolismus?
4. Wo liegen die Berührungspunkte zwischen Jugendstil und Neuromantik?

8 Expressionismus (1905–1925)

Checkliste

- ☑ Erster Weltkrieg
- ☑ Katastrophenerfahrung
- ☑ Aufbruch
- ☑ Endzeitstimmung
- ☑ Nihilismus
- ☑ Psychoanalyse
- ☑ Vision des neuen Menschen
- ☑ Ästhetik des Hässlichen
- ☑ neue Sprache
- ☑ Collage
- ☑ Provokation
- ☑ Neologismen
- ☑ Auflösung der Syntax
- ☑ Ich-Dissoziation
- ☑ Reihungs- bzw. Simultanstil
- ☑ Großstadt
- ☑ Stationendrama
- ☑ Verkündigungsdrama
- ☑ Dadaismus
- ☑ Surrealismus
- ☑ Großstadtlyrik, Kriegslyrik, Naturlyrik

Zeitgeschichtlicher Kontext und Begriffsbestimmung

Nach der Entlassung Bismarcks 1890 vollzieht sich in der Außenpolitik des Deutschen Reichs ein folgenschwerer Umbruch. Kaiser Wilhelm II. (1859–1941) gibt Bismarcks Bündnissystem – ein Instrument der Friedenssicherung und Stabilität im europäischen Kontinent – auf. Stattdessen setzt sich der junge Kaiser zum Ziel, das neugegründete Deutsche Reich als Weltmacht zu etablieren und ihm einen »Platz an der Sonne« zu verschaffen. Zu diesem Zweck treibt er eine aggressive imperiale Kolonialpolitik voran. So erwirbt sich das Kaiserreich in wenigen Jahren Kolonien in Afrika, China und in Übersee.

Mit seinem imperialen Machtstreben provoziert Kaiser Wilhelm II. Rivalitäten mit den etablierten Kolonialmächten Frankreich und England bzw. nimmt sie billigend in Kauf. Folgerichtig lösen gegensätzliche imperialistische Interessen zwischen Frankreich und Deutschland verschiedene militärische Krisen aus (z. B. die zweite Marokko-Krise 1911). Aufgrund der Annäherung zwischen Frankreich und England wird das Deutsche Reich zunehmend international isoliert. Ab 1900 ist die Kriegsgefahr in Europa aufgrund zahlreicher Spannungen zwischen den europäischen Großmächten allenthalben präsent. Die Ermordung des österreichischen Thronfolgers Prinz Ferdinand und seiner Frau im Juni 1914 löst den **Ersten Weltkrieg** (1914–18) aus.

Die Niederlage des Deutschen Reiches im Jahr 1918 stellt eine historische Zäsur in der deutschen Geschichte dar. Die Monarchie bricht in Deutschland zusammen. Das Kaiserreich wird durch eine demokratische Republik (Weimarer Republik) abgelöst, die wiederum aufgrund wirtschaftlicher, politischer und gesellschaftlicher Instabilität radikalen Kräften den Weg ebnet und schließlich 1933 abgeschafft wird.

Abb. 9: George Grosz, *Berlin Friedrichstraße* (1918). – © Estate of George Grosz, Princeton, N. J. / VG Bild-Kunst, Bonn 2023; akg-images

Der historische Kontext des Expressionismus ist geprägt durch die **Katastrophenerfahrung** des Ersten Weltkriegs (1914–1918) mitsamt der krisenhaften Vorgeschichte. Hinzu kommen die (revolutionären) Nachwirkungen, die in Deutschland zum politischen Neuanfang der mit der Hypothek des verlorenen Kriegs und des Kaiserreichs belasteten Weimarer Republik führen. Kriegsfolgen sind auch wirtschaftliche Katastrophen wie die Hyperinflation, die mit dem Krieg 1914 bereits eingeläutet wurde und 1923 zum Zusammenbruch der Währung und der Wirtschaft führte. Das ohnehin geringe Vertrauen in den neuen Staat wurde dadurch zusätzlich erschüttert. Mit der Weltwirtschaftskrise ab 1929 begann der Untergang der Weimarer Republik, der 1933 mit Hitlers Antritt als Reichskanzler besiegelt wurde.

Der Begriff »Expressionismus« (von lateinisch *expressio*; ›Ausdruck‹) stammt ursprünglich aus der bildenden Kunst. In Frankreich bezeichnet er seit 1901 die von einer jüngeren Generation vertretene neue Malweise, die sich von der Ästhetik des Naturalismus und des Impressionismus distanziert. Wichtige Vertreter sind Georges Braque (1882–1963) und Pablo Picasso (1881–1973). Im Jahr 1911 überträgt der Schriftsteller Kurt Hiller (1885–1972) den Begriff »Expressionismus« auf die Literatur. Die literarischen Zentren des Expressionismus in Deutschland und in Österreich sind Berlin und Wien.

Leitgedanken

Während der Naturalismus und dessen Gegenströmungen vor der Jahrhundertwende um 1890 ihren Anfang nahmen, beginnt der Expressionismus deutlich nach der Jahrhundertwende und grenzt sich wiederum scharf gegen diese ab. Gekennzeichnet ist das »expressionistische Jahrzehnt«, wie der Höhepunkt dieser Strömung genannt wird, durch radikale Veränderungen in allen Bereichen: Politik, Gesellschaft, Wirtschaft und Kunst. Die Weltuntergangsstimmung des Fin de Siècle verwandelt sich am Vorabend des Ersten Weltkriegs in eine **Aufbruchstimmung**. Dies macht sich beispielsweise an den Namen neuer Zeitschriften wie *Der Aufbruch*, *Die Aktion*, *Der Sturm*, *Aufschwung* u. a. deutlich bemerkbar. Getragen wird diese Aufbruchstimmung von einer neuen Generation: Die meisten expressionistischen Autorinnen und Autoren sind erst um 1890 geboren, also mit Beginn der Epoche der Literarischen Moderne. ☑

Zahlreiche Autoren und Künstler begrüßen die Zuspitzung der außenpolitischen Krise kurz vor Ausbruch des Ersten Weltkriegs. Vor dem Hintergrund der so genannten Friedensmüdigkeit hoffen viele darauf, dass der Krieg die Möglichkeit bietet, Wandel und Veränderung herbeizuführen und einen Aufbruch aus der Langeweile in eine neue und bessere Zukunft zu initiieren. Allerdings zeigt sich schon sehr bald, dass der Krieg, der als Weg in die Freiheit begrüßt wurde, in eine Katastrophe mündet. Die verbreitete anfängliche Kriegseuphorie der jungen Generation schlägt sehr bald in Skepsis oder Kritik um. Viele Vertreter des Expressionismus werden aufgrund der Schilderungen über die erlebten Gräuel im Krieg zu Pazifisten. Die bereits vor dem Ausbruch des Ersten Weltkriegs ebenfalls vorhandene Weltsicht einer **Endzeitstimmung** gewinnt an Zulauf und überlagert die Aufbruchstimmung. ☑

Der Expressionismus lässt sich so in zwei Phasen gliedern, die durch die Zäsur des Ersten Weltkriegs bestimmt sind:

Phase	Vertreter	Themen-schwerpunkte
Frühexpressionismus (1905–1914)	Jakob van Hoddis (1887–1942) Georg Heym (1887–1912) Georg Trakl (1887–1914) Else Lasker-Schüler (1869–1945) Gottfried Benn (1886–1956) August Stramm (1874–1915) Alfred Lichtenstein (1889–1914) Georg Kaiser (1878–1945)	• Großstadt • Auflehnung gegen die bürgerliche Welt • Generationenkonflikt • »Neuer Mensch« • Kriegseuphorie • Ästhetik des Hässlichen
Spätexpressionismus (1914–1925)	Ludwig Rubiner (1881–1920) Alfred Wolfenstein (1883–1914) Kurt Pinthus (1886–1975) Johannes R. Becher (1891–1958) Alfred Döblin (1878–1957) Ernst Toller (1893–1939)	• Kriegsbegeisterung • Kriegskritik • Pazifismus • Weltuntergang • Verfall • Krankheit • Tod • Großstadt

Stark beeinflusst sind die Anhänger der expressionistischen Bewegung vor allem von zwei Denkrichtungen:

- **Nihilismus**: Die von Friedrich Nietzsche (1844–1900) geprägte Philosophie bewirkt einen radikalen Bruch mit alten Vorstellungen: mit dem Glauben an Wahrheit und Wissenschaft, mit dem Glauben an Gott und religiöse Wahrheiten, mit dem Glauben an feste moralische Wertvorstellungen. Dieser Zertrümmerung (Nietzsche wurde als der »Philosoph mit dem Hammer« bezeichnet) setzt er den »Willen zur Macht« als eigentliche Triebkraft und als Weg zur Selbstverwirklichung des Menschen entgegen. ☑
- **Psychoanalyse**: Die von Sigmund Freud (1856–1939) entdeckte Macht des Unterbewusstseins und der Triebstruktur erschüttert grundlegend das Selbstverständnis des Menschen als rationales Wesen. ☑

Aus diesen neuen Denkrichtungen speist sich die für den Expressionismus kennzeichnende Wertschätzung des Pathos, der Begeisterung, der Ekstase und der Vision des »Neuen Menschen«, die eine Hochkonjunktur erlebt.

Basisinformation: Der »Neue Mensch«

Der Begriff »Mensch« steht im Kontrast zum Begriff »Individuum«, das im Bürgertum eine zentrale Rolle spielt. Mit der Vision des »Neuen Menschen« hoffen die Vertreter des Expressionismus, die empfundenen Unzulänglichkeiten der Existenz und die alte Gesellschaftsordnung, vor allem auch die Gegensätze zwischen den Generationen zu überwinden. Der Inhalt bleibt ansonsten unbestimmt; es geht darum, das alte bürgerlich-dekadente und langweilige Dasein zu überwinden.

Das Programm des Expressionismus

Der literarische Expressionismus bricht mit allen bisherigen Ausprägungen der Moderne. Vor allem am Realismus, Naturalismus und Impressionismus üben die Vertreter der jungen Generation scharfe Kritik. Kaum ein anderer Begriff fasst das Wesen der expressionistischen Ästhetik so treffend wie das Wort »Aufbruch«, das Ernst Stadler (1883–1914) als Titel für seinen Gedichtband aus dem Jahr 1914 wählt. Inhaltlich geht es den Expressionisten darum, die festgefahrenen Strukturen und Konventionen des Wilhelminismus zu zerstören.

Die expressionistischen Dichter wenden sich pathetisch gegen das bürgerliche Establishment (Gottfried Benn – in Anknüpfung an Nietzsche –: »Weltzertrümmerung«), und fordern rauschhaft-visionär eine gesellschaftliche Wandlung und die Erneuerung des Menschen ein (**Vision des neuen Menschen**). Diese Forderung stützt sich auf die Erfahrungen von Orientierungslosigkeit und Enthumanisierung, Krieg, Großstadtentwicklung, Technik, politisch-gesellschaftlichen Umstürzen und Umbrüchen.

Der Expressionismus lehnt die klassischen Kategorien des Wahren, Guten und Schönen als Maßstab für Literatur zugunsten einer **Ästhetik des Hässlichen** ab. Er widmet sich tabuisierten Themen wie Krankheit, Tod, Verwesung etc. und knüpft in dieser Hinsicht am Naturalismus an. Kritisiert werden die Stagnation und die autoritären Strukturen. Dieses Ziel wird jedoch nicht mit den Methoden der Vernunft, sondern vielmehr mit den Mitteln des Rauschs, der Ekstase und des intensiven Erlebens verfolgt.

Definition: Ästhetik des Hässlichen

In Opposition zur bürgerlichen Ästhetik, die das Schöne durch die Kunst anstrebt, wenden sich expressionistische Autoren bewusst Todes- und Verwesungsmotiven zu. Sie sehen darin Ausdrucks- und Erscheinungsformen des geistigen und körperlichen Verfalls. Hässlichem wird eine eigene Ästhetik zugesprochen, und damit wird es aufgewertet.

Auch auf der formalen Ebene bricht die expressionistische Literatur mit traditionellen Formen und dem konventionellen Sprachgebrauch. Die Dichter streben neue Formen und eine **neue Sprache** in der Dichtung an. Dem entspricht die Tatsache, dass die Expressionisten darauf verzichten, Vorgaben für die formale Gestaltung ihrer Gedichte zu etablieren. Solche Richtlinien lehnen sie als dem Wesen ihrer Dichtung widersprechend ab. Letztlich geht es darum, dem innerlich und äußerlich erstarrten Leben die Dynamik des Aufbruchs entgegenzustellen. Der Expressionismus hat insofern mancherlei Berührungspunkte mit der Revolte des Sturm und Drang im letzten Drittel des 18. Jahrhunderts.

Literarische Gattungen

Formen expressionistischen Erzählens

Im Expressionismus entstehen wenige nennenswerte epische Werke. Bevorzugt werden Kleinformen wie die Novelle, die Skizze und die Erzählung. Typisch für die expressionistische Prosa ist, dass keine zusammenhängende und zielgerichtete Entwicklung der Personen dargestellt wird. Stattdessen werden disparate Einzelabschnitte **collagenartig** nebeneinander angeordnet.

Zu den wichtigsten Prosaautoren zählen etwa Carl Einstein (1885–1940) mit *Bebuquin* (1912) und Alfred Döblin (1878–1957) mit *Die Ermordung einer Butterblume* (1913): Der Protagonist von Döblins Erzählung, Michael Fischer, bleibt bei einem sommerlichen Spaziergang mit seinem Spazierstock an ein paar verschlungenen Blumen hängen. Voller Wut haut er so heftig mit dem Stock auf die Pflanzen, dass die Blätter in die Luft wirbeln. Auch nachdem er seine Fassung wiedergefunden hat, denkt er unablässig an die Blumen und vergleicht dabei die Hiebe mit den Ohrfeigen, die er seinen Lehrlingen im Kontor verpasst. Schließlich sieht er in seiner Fantasie, wie er der Butterblume den Kopf abschlägt, versucht dann der Flut aus weißem Blut zu entkommen, das aus dem abgeschlagenen Kopf strömt. Fischer versucht, seine Tat zu sühnen, indem er eine besondere Liebe für Butterblumen entwickelt. Doch als seine Haushälterin seine Kompensationsblume samt Topf wegwirft, fühlt er sich vom Mordvorwurf befreit. Er verlässt sein Haus und verschwindet im Wald. Damit macht die Erzählung die Entfremdung des Individuums gegenüber der Gesellschaft und sich selbst sichtbar.

Merkmale der expressionistischen Prosa

- wenige Prosawerke (Novellen, Erzählungen und Skizzen)
- Zerfall der Wirklichkeitsauffassung
- Aufhebung der Grenze zwischen Subjekt und Objekt
- Entfremdung des Subjekts
- Collage
- Modernisierungskritik

Besonderheiten lyrischen Sprechens

Am ausdrucksstärksten zeigt sich der Expressionismus in der Lyrik. Dies macht sie zur bevorzugten Gattung dieser Strömung. Als Meilenstein gilt die von Kurt Pinthus (1886–1975) herausgegebene Anthologie *Menschheitsdämmerung* (1919/20). Versammelt sind Gedichte unter anderem von Johannes R. Becher, Georg Heym, Gottfried Benn, Jakob van Hoddis, Alfred Lichtenstein, Ernst Stadler, Georg Trakl, Else Lasker-Schüler und Franz Werfel etc. Titel und Kapitelüberschriften (»Sturz und Schrei«, »Erweckung des Herzens«, »Aufruf und Empörung« und »Liebe den Menschen«) spiegeln das Lebensgefühl im Expressionismus wider. Äußerster Beliebtheit erfreuen sich drei **Gedichtarten**: ☑

Großstadtlyrik	**Kriegslyrik**	**Naturlyrik**
• Hektik • Anonymität • Naturzerstörung • Chaos • Lärm • Verschmutzung	• Kriegsbegeisterung • Kriegstraumata • Zerstörung • Tod • Orientierungslosigkeit	• Schreckliche Seiten der Natur • Unheil • Natur als Spiegelbild eines verstörten Ichs
Beispiel: Georg Heym, *Der Gott der Stadt* (1910)	Beispiel: August Stramm, *Patrouille* (1915)	Beispiel: Georg Heym, *Printemps* (1911)

Die Lyriker des Expressionismus gehen nicht nur mit den lyrischen Formen, sondern auch mit der Sprache frei um. Auf der Suche nach neuen Ausdrucksformen brechen sie traditionelle Formen vielfach auf. Sie verzichten auf feste formale Vorgaben (Reim, Strophe, Metrum) und geben unregelmäßigen Rhythmen den Vorzug.

Beispielhaft für die expressionistische Kriegslyrik ist das Gedicht *Der Krieg* von Georg Heym (1887–1912) aus dem Jahr 1911 (veröffentlicht 1912). Es behandelt sowohl die Urgewalt als auch das sinnlose Sterben im Krieg. Heym beschwört die Vision einer Welt, die durch Zerstörung gekennzeichnet ist. Sowohl der Mensch als auch die Natur sind Opfer des zum Dämon personifizierten Krieges.

Die wohl innovativsten Gedichte des Expressionismus stammen von Gottfried Benn (1886–1956). Seine Gedichtsammlung *Morgue* (1912), mit der er dem Leser den Verfall des Menschen vor Augen führt, löst beim Erscheinen 1912 einen Skandal aus. Die Gedichtsammlung enthält Motive wie Leichenhalle (Morgue) und Obduktionsbefunde, die auf Unheimliches und Unerwartetes setzen und häufig zynisch wirken, so wie in folgendem Gedicht:

Gottfried Benn
Schöne Jugend

Der Mund eines Mädchens, das lange im Schilf gelegen hatte,
sah so angeknabbert aus.
Als man die Brust aufbrach, war die Speiseröhre so löcherig.
Schließlich in einer Laube unter dem Zwerchfell
fand man ein Nest von jungen Ratten.
Ein kleines Schwesterchen lag tot.
Die andern lebten von Leber und Niere,
tranken das kalte Blut und hatten
hier eine schöne Jugend verlebt.
Und schön und schnell kam auch ihr Tod:
Man warf sie allesamt ins Wasser.
Ach, wie die kleinen Schnauzen quietschten!

Gottfried Benn: Gedichte. Hrsg. von Christoph Perels. Stuttgart 2006 [u. ö.]. S. 7 f.

Benns Gedicht zeichnet sich durch einen nüchternen Blick aus, der bisweilen unerwartet wirkt. Dass die Aufmerksamkeit des Sprechers im Gedicht weniger dem toten Mädchen als vielmehr den Ratten gilt, wirkt als **Provokation**, da der verwesende menschliche Körper lediglich als Behausung für die Ratten angesehen wird. ☑

Lyrisches Sprechen im Expressionismus zeichnet sich durch einen kühnen Umgang mit der Sprache aus. Sprachlich abgebildet wird die rauschhafte Steigerung des Erlebens durch den Gebrauch von Ellipsen, Ausrufezeichen und Interjektionen (»O Mensch!«), von **Neologismen**, die **Auflösung der Syntax** sowie eine extreme Sprachverknappung. Auch das ordnende und strukturierende Subjekt wird in zahlreichen expressionistischen Gedichten aufgelöst (**Ich-Dissoziation**). ☑ ☑

Auf strukturierende Elemente der traditionellen Lyrik wie zum Beispiel feste Strophenform, Reim, Metrum etc. wird weitgehend verzichtet. Häufig verwenden Dichter des Expressionismus den **Reihungs- oder Simultanstil**, um das Auseinanderbrechen der Welt literarisch auszudrücken. ☑

Definition: Reihungs- oder Simultanstil

Im Expressionismus häufig verwendete Technik, bei der die Gedanken ohne erkennbare zusammenhängende Struktur vermittelt werden. Mit Hilfe dieser Technik wird eine dissoziierte Wahrnehmung der Wirklichkeit dargestellt. Beim Simultanstil werden Vorgänge nicht chronologisch, sondern gleichzeitig vermittelt. Beide Techniken dienen dazu, die Komplexität, aber auch den Zerfall der Wirklichkeit abzubilden.

Der Erfahrungsraum des expressionistischen Lyrikers ist die Großstadt. Sie ist Symbol für das moderne Leben, das durch Tempo, Vielfalt, inkompatible und disparate Erscheinungen gekennzeichnet ist.

Merkmale der expressionistischen Lyrik

- Großstadt-, Kriegs-, Naturlyrik
- Ästhetik des Hässlichen
- Bruch mit herkömmlichen Regeln
- Neuer Mensch
- Auflösung der Syntax
- Sprachverknappung
- Ich-Dissoziation
- Neuwortschöpfung
- Reihungs- oder Simultanstil

Expressionistisches Drama

Die wichtigste Gattungsform der expressionistischen Dramatik ist das **Stationendrama**. Diese Dramenform eignet sich dazu, traditionelle Dramentypen aufzubrechen. Populär ist ebenfalls das sogenannte **Verkündigungsdrama**, das sich durch den messianischen Charakter der Handlung auszeichnet.

Definition: Stationendrama

Form des Dramas, in der einzelne relativ unabhängige und gleichrangige Szenen oder Handlungsstationen ohne kausale Verknüpfung aneinandergereiht werden. Dabei können Ort und Zeit der Handlungsstationen divergieren. Die Beziehungen zwischen den einzelnen Szenen werden häufig nur durch den Protagonisten des Stücks hergestellt. Vorbild für das deutsche Stationendrama des Expressionismus ist *Nach Damaskus* (1898–1904) von August Strindberg (1849–1912). Weitere Beispiele sind *Von morgens bis mitternachts* (1912) von Georg Kaiser (1878–1945) und *Die Wandlung* (1919) von Ernst Toller (1893–1939).

Vorbilder sind die Dramen des Sturm und Drang sowie das Dramenfragment *Woyzeck* (1836/37) von Georg Büchner (1813–1837). Idealtypisch für die radikalen Innovationen des expressionistischen Dramas ist das 1912 von Georg Kaiser verfasste und erstmals 1917 erschienene Schauspiel *Von morgens bis mitternachts.* Kaiser verzichtet in seinem Drama auf die klassischen »drei Einheiten« von Ort, Zeit und Handlung. In sieben losen aufeinander folgenden Szenen werden die letzten Stunden im Leben eines Bankangestellten gezeigt, der nur als Kassierer tituliert wird. Dieser bricht aus den eingespielten Konventionen aus und raubt die Bank aus, bei der er angestellt ist. Allerdings bringt ihm das große Geld kein Glück. Sogar die Frau, in die er sich verliebt und mit der er sich auf die Flucht begibt, verrät ihn schließlich bei der Polizei. Aus Verzweiflung begeht der Kassierer Selbstmord.

In seinen Komödien *Die Hose* (1911), *Die Kassette* (1912), *Bürger Schippel* (1913) sowie *Der Snob* (1914) karikiert Carl Sternheim (1878–1942) das Bürgertum des wilhelminischen Zeitalters. Auf schonungslose Weise wird die Doppelmoral des Spießbürgertums dargestellt. Insgesamt zeichnet sich das expressionistische Drama durch den Versuch aus, ein neues revolutionäres Bewusstsein zu vermitteln.

Inhaltlich radikalisiert das expressionistische Drama u. a. die Kapitalismus- und Gesellschaftskritik. Die sprachliche Gestaltung des Dramas zeichnet sich zum einen durch Phrasenhaftigkeit und zum anderen durch eine extreme Ausdrucksintensität bis hin zur Sprengung aller grammatischen Konventionen aus.

In expressionistischen Dramen werden sowohl die Doppelmoral des Bürgertums als auch die Autoritätsgläubigkeit entlarvt. Leid, Umbruch und insbesondere der Generationskonflikt (Vater-Sohn-Konflikt) bilden wichtige Grundmotive, die in dem 1914 erschienenen Drama *Der Sohn* von Walter Hasenclever (1890–1940) exemplarisch dargestellt werden. In dem Drama *Vatermord* (1920) von Arnolt Bronnen (1895–1959) wird die Abrechnung mit der Generation der Väter auf die Bühne gebracht. Hasenclevers Drama *Der Sohn* gilt neben dem Dreiakter *Die Bürger von Calais* (1914) von Georg Kaiser (1878–1945) als Hauptwerk der expressionistischen Dramatik. Der Vater-Sohn-Konflikt ist ein Motiv, das auch die in der gleichen Zeit entstehenden Werke Franz Kafkas (1883–1924) prägt, die man im Übrigen aber kaum einer Epoche oder Strömung zuordnen kann.

Merkmale des expressionistischen Dramas
• Stationendrama/Verkündigungsdrama • assoziative Reihung von Einzelszenen • Verzicht auf die klassischen »drei Einheiten« von Ort, Zeit und Handlung • typisierte Charaktere • pathetische Gestik und Mimik • lange Monologe • lyrische Sequenzen

Hauptthemen und Motive / Sprache und Stilmerkmale

Hauptthemen und Motive	Sprache und Stilmerkmale
• Verfall • Untergang • Anonymität • Großstadt • Endzeitstimmung • Generationenkonflikte • Identitätsverlust (Ich-Zerfall / Ich-Dissoziation / Ich-Auflösung) • Orientierungslosigkeit • Entfremdung • Tod • Krieg • Naturverlust • Leid und Umbruch • Erneuerung	• Tendenz zur sprachlichen Verknappung • Neologismen • Ellipsen • Aufbrechen syntaktischer Ordnung • Reihungsstil • Enjambements • Simultanstil • Ekstase • Ästhetik des Hässlichen • Collagentechnik (statt Kausalzusammenhang)

Textbeispiel und Kurzkommentar

Jakob van Hoddis
Weltende (1911)

Dem Bürger fliegt vom spitzen Kopf der Hut,
In allen Lüften hallt es wie Geschrei.
Dachdecker stürzen ab und gehn entzwei
Und an den Küsten – liest man – steigt die Flut.

Der Sturm ist da, die wilden Meere hupfen
An Land, um dicke Dämme zu zerdrücken.
Die meisten Menschen haben einen Schnupfen.
Die Eisenbahnen fallen von den Brücken.

50 Gedichte des Expressionismus. Ausgew. von Dietrich Bode. Stuttgart: Reclam 2019 [u. ö.]. S. 19.

Jakob van Hoddis' Gedicht, das bereits 1911, also noch vor dem Ausbruch des Ersten Weltkriegs, veröffentlicht wird, eröffnet die berühmte expressionistische Lyrik-Anthologie *Menschheitsdämmerung* von Kurt Pinthus (1886–1975) aus dem Jahr 1919/20. Im Mittelpunkt des wohl berühmtesten Gedichts der expressionistischen Strömung steht ein für den Frühexpressionismus charakteristisches Thema: der erwartete Weltuntergang. Auffällig an van Hoddis' Gedicht ist die Reihung scheinbar sinnloser und wirrer Bilder, die umwälzende und lächerliche Tatbestände mischen. Auf den ersten Blick vermittelt das Gedicht den Eindruck einer grotesken Collage. Kaum etwas passt dabei zusammen: Dachdecker – und nicht Dachziegeln – »gehn entzwei«.

Das Gedicht teilt in der Darstellung einer einbrechenden gewaltigen Unordnung die 1910 herrschende Befürchtung, dass der Halleysche Komet mit der Erde kollidieren und die Welt vernichten würde. Die an die biblische Apokalypse erinnernden Szenarien rechtfertigen durch das Ausmaß ihrer Bedrohung den Titel des Gedichts. Das Gedicht antizipiert durch seine grotesken und beängstigenden Bilder den künftigen Zusammenbruch im Ersten Weltkrieg.

Formal zeichnet sich van Hoddis' Text durch den für die Zeit typischen Zeilenstil aus: Die einzelnen Verse des Gedichts sind geradezu untereinander austauschbar, denn sie hängen nur lose zusammen. Somit entsprechen sie der inhaltlichen Darstellung einer Umwelt, die aus den Fugen geraten zu sein scheint.

Autoren und Werke (Auswahl)

- Else **Lasker-Schüler** (1869–1945): *Ein alter Tibetteppich* (Gedicht, 1910)
- August **Stramm** (1874–1915): *Patrouille* (Gedicht, 1915)
- Georg **Kaiser** (1878–1945): *Die Bürger von Calais* (Drama, 1914)
- Alfred **Döblin** (1878–1957): *Wallenstein* (Roman, 1920)
- Gottfried **Benn** (1886–1956): *Morgue und andere Gedichte* (Gedichte, 1912)
- Hugo **Ball** (1886–1927): *Gadji beri bimba* (Gedicht, 1916)
- Georg **Heym** (1887–1912): *Der Krieg* (Gedicht, 1912)
- Georg **Trakl** (1887–1914): *Verfall* (Gedicht, 1913)
- Walter **Hasenclever** (1890–1940): *Der Sohn* (Drama, 1914)

Nebenströmungen: Dadaismus und Surrealismus

Innerhalb der expressionistischen Strömung entwickeln sich zwei weitere avantgardistische Strömungen:

Dadaismus (1916–1922)

Der **Dadaismus** entsteht 1916 in Zürich und bildet eine Nebenströmung des Expressionismus. Der Begriff »Dada« imitiert einen kindlichen Ausdruck. Er steht für die Abgrenzung und den Protest gegen klassische Weltbilder und geschlossene Werke. Folgerichtig zeichnet sich die künstlerische Bewegung des Dadaismus durch die Ablehnung der bisherigen Ästhetik und der bürgerlichen Ideale aus. ☑

Der Dadaismus hat eine revolutionäre Programmatik, da er das konventionelle Kunstverständnis in Frage stellt und für eine freie Kunstauffassung plädiert. Die Anhänger dieser Bewegung streben eine Befreiung der Sprache von ihren traditionellen Strukturen an. Zu diesem Zweck gehören die Zerstörung der herkömmlichen Syntax, die Reduktion der Sprache auf ihre klanglichen Qualitäten sowie der Verzicht auf die Zeichensetzung zu den Merkmalen dadaistischer Ästhetik.

Ein wichtiges Prinzip des dadaistischen Kunst- und Literaturverständnisses ist daher die Destruktion und Dekonstruktion. Während sich die Destruktion auf der Wort- und Satzebene manifestiert, zeigt sich die dadaistische Dekonstruktion durch Brüche in der Textlogik: Frühere Aussagen eines Textes werden später wieder in Frage gestellt oder sogar aufgehoben. Neue Techniken dadaistischen Schreibens sind: Collage, Montage und die Simultaneität.

Zu den bevorzugten Gattungen der dadaistischen Literatur zählen Laut-, Buchstaben- und Zufallsgedichte sowie Unsinnspoesie und Collage-Dichtung. Lautgedichte zielen auf die Akustik ab, während Buchstabengedichte die visuelle Gestaltung fokussieren, da Wörter systematisch zerstört und zu grafischen Zeichen reduziert werden. Dabei steht die Form im Vordergrund. Durch die Collage werden zufällig gefundene Textelemente zu einem Kunstwerk montiert. Hugo Ball (1886–1927) gilt als einer der bekanntesten Vertreter der deutschsprachigen dadaistischen Literatur:

Hugo Ball
totenklage

ombula
take
biti
solunkola
tabla tokta tokta takabla
taka tak

Hugo Ball: Gesammelte Gedichte. Hrsg. von Annemarie Schütt-Hennings. Zürich: Arche, 1963. S. 5.

Hauptthemen und Motive / Sprache und Stilmerkmale:

Hauptthemen und Motive	Sprache und Stilmerkmale
• Formlosigkeit • Unsinn • Traum und Realität • Politik- und Gesellschaftskritik	• satirischer Sprachgebrauch • Vermischung von Schrift und Bild • Geräusche und Laute • Übertreibung • Ironie und Komik

Autoren und Werke (Auswahl):

- Hans **Arp** (1886–1966): *Kaspar ist Tod* (Gedicht, 1912)
- Hugo **Ball** (1886–1927): *totenklage* (Gedicht, 1916); *Die Karawane* (Lautgedicht, 1920)
- Kurt **Schwitters** (1887–1948): *An Anna Blume* (Gedicht, 1919)
- Emmy **Hennings** (1885–1948): *Traum* (Gedicht, 1922)

Surrealismus (1920–1933)

Unmittelbar nach der Dada-Bewegung entwickelt sich der Surrealismus um 1920 in Frankreich und hat sowohl die Malerei als auch die Literatur und den Film bis 1933 beeinflusst. Der Begriff »Surrealismus« leitet sich aus dem Französischen *surréalisme* ab, was sich wörtlich als ›über dem Realen‹ bzw. ›über der Wirklichkeit‹ übersetzen lässt. Einer der Begründer und wichtiger Theoretiker des Surrealismus ist der französische Schriftsteller André Breton (1896–1966).

Vor dem Hintergrund der grausamen Erfahrungen des Ersten Weltkriegs postulieren die Anhänger der surrealistischen Strömung eine revolutionäre Weltanschauung, indem sie mit den rationalen Werten der bürgerlich-patriarchalischen Gesellschaft ihrer Zeit brechen und sowohl politisch als auch ästhetisch neue Werte fordern. Großen Einfluss auf den Surrealismus hat die Psychoanalyse Sigmund Freuds. Das zeigt sich daran, dass sich Dichter des Surrealismus verstärkt verdrängten Gefühlen widmen und sie zum Ausdruck bringen wollen. Sie bedienen sich der Träume oder Rauscherfahrungen als Quelle für ihre Werke. Eine wichtige Rolle spielen ebenfalls Sexualität und psychische Krankheiten, Fantasien und die Gefühlswelt sowie nicht zuletzt Halluzinationen und Wahnvorstellungen.

Weitere Anregungen verdanken sie der deutschen Romantik, was sich insbesondere an der Hinwendung zu fantastischen und wunderbaren Elementen ablesen lässt.

Wie im Dadaismus, als unmittelbarem Vorläufer des Surrealismus, gilt die künstlerische Freiheit als zentrales ästhetisches Prinzip. Entsprechend lehnen Anhänger des Surrealismus Normen, Regeln und Konventionen ab. Stattdessen versuchen sie durch freie Assoziationen eine neue Form der Poesie zu erschaffen, die sich der Kontrolle durch die Vernunft entzieht.

Häufig wirken Texte des Surrealismus rätselhaft oder verzerrt. Das liegt zum einen daran, dass Autoren des Surrealismus oft auf Logik verzichten. Zum anderen weisen surrealistische Texte eine brüchige Struktur auf, was mitunter auf die Integration verfremdeter Elemente wie beispielsweise Zitate aus Zeitungen oder der Werbung zurückzuführen ist. In Alfred Döblins Roman *Berlin Alexanderplatz* (1929) treten surrealistische Elemente (*stream of consciousness* und Collage) auf. Ziel der Collage- und Montagetechnik ist es, die Grenze zwischen Literatur und Wirklichkeit aufzulösen bzw. Fantastisches und Reales zu verschmelzen. Zu diesem Zweck bedienen sich die Dichter des Surrealismus der Technik der *écriture automatique* (›automatisches Schreiben‹), die auf Intuition und Inspiration basiert. Im Surrealismus gibt es keine eindeutigen Unterschiede zwischen den literarischen Gattungen.

Hauptthemen und Motive / Sprache und Stilmerkmale:

Hauptthemen und Motive	Sprache und Stilmerkmale
• Irrationales • Träume • Sexualität • Unwirkliches • Unbewusstes • psychische Krankheiten • Kritik an der bürgerlichen Gesellschaft • Halluzinationen • Fantastisches • Visionen • unterdrückte Begierden	• Neologismen • Werbeausschnitte • Einsatz von Zeitungszitaten • Einsatz von Werbeausschnitten • automatisches Schreiben (*écriture automatique*) • Verzicht auf Syntax • experimentelle Elemente • verfremdete Elemente • Verzicht auf Sprachlogik • Bewusstseinsstrom

Autoren und Werke (Auswahl):

- Hans **Arp** (1886–1966): *Konfiguration* (Gedichte, 1930)
- Walter **Benjamin** (1892–1940): *Träume sind Bildräume* (Aufsatz, 1929)

Leitfragen zum Expressionismus
1. Wie gliedert sich der Expressionismus als literarische Strömung? 2. Welche Themen werden in der expressionistischen Literatur bevorzugt behandelt? 3. Was versteht man im Expressionismus unter der Vision des »Neuen Menschen«? 4. Was zeichnet die Sprache des lyrischen Expressionismus aus?

Literaturhinweise

Textausgaben

50 Gedichte um 1900. Naturalismus – Fin de Siècle – Frühexpressionismus. Hrsg. von Gabriele Sander. Ditzingen 2023.

50 Gedichte des Expressionismus. Ausw. von Dietrich Bode. Ditzingen 2019.

Kurzprosa um 1900. Hrsg. von Michael Scheffel. Ditzingen 2023.

Weiterführende Literatur

Ajouri, Philipp: Literatur um 1900. Berlin 2009.

Beutin, Wolfgang: Deutsche Literaturgeschichte. Von den Anfängen bis zur Gegenwart. Stuttgart [9]2019.

Kimmich, Dorothee / Wilke, Tobias: Einführung in die Literatur der Jahrhundertwende. Darmstadt 2010.

May, Yomb: Kompaktwissen XL. Abiturwissen Deutsch. Ditzingen [2]2018.

– Kompaktwissen XL. Literarische Grundbegriffe. Ditzingen 2021.

Neuhaus, Stefan: Grundriss der Neueren deutschsprachigen Literaturgeschichte. Tübingen 2017.

Schön, Christian: Illustrierte Geschichte der deutschen Literatur. Epochen – Autoren – Werke. Stuttgart 2016.

Zum Autor

YOMB MAY studierte Germanistik und Geschichte an den Universitäten Aachen und Düsseldorf. Er ist z. Z. außerplanmäßiger Professor für Neuere deutsche Literaturwissenschaft an der Universität Bayreuth. Lehrtätigkeiten an den Hochschulen Köln und Worms sowie an der LMU München. Von ihm liegen zahlreiche literaturwissenschaftliche und didaktische Publikationen vor, darunter im Reclam Verlag: *Kompaktwissen XL. Abiturwissen Deutsch*; *Kompaktwissen XL. Epochen der deutschsprachigen Literatur*; *Kompaktwissen. Wissenschaftliches Arbeiten. Eine Anleitung zu Techniken und Schriftform*; *Kompaktwissen XL. Literarische Grundbegriffe.*